XINWENKE BEIJING XIA
CHUANGXIN RENCAI PEIYANG
YU RENLI ZIBEN JILEI

新文科背景下创新人才培养与人力资本积累

刘　超　马建辉　成新轩　聂心容　著

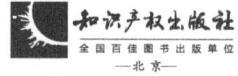

知识产权出版社
全国百佳图书出版单位
—北京—

图书在版编目（CIP）数据

新文科背景下创新人才培养与人力资本积累 / 刘超等著 . —北京：知识产权出版社，2022.10

ISBN 978-7-5130-8327-0

Ⅰ . ①新… Ⅱ . ①刘… Ⅲ . ①高等学校—文科（教育）—人才培养—研究—中国 Ⅳ . ① G649.2

中国版本图书馆 CIP 数据核字（2022）第 158597 号

内容提要

本书主要包括新文科背景下 Seminar 教学法、以多维协同平台项目为引领的 PBL 教学法、OBE 理念框架下多维协同平台项目、本硕博贯通培养模式、基于 Seminar 教学模式的创新人才课程教学、面向"大数据 + 云平台"创新人才培养机制创新和人力资本积累对高技术产业影响等。本书不仅对创业和升学两种人才培养方向作出探索，还从专业课程设置和学校育人机制两个层面进行阐述，具有较强可参考性和实用性。

本书可以作为制定建设特色学科专业相关政策和教学课程创新实践的参考书。

责任编辑：张 珑	责任印制：孙婷婷
执行编辑：苑 菲	封面设计：乾达文化

新文科背景下创新人才培养与人力资本积累

刘 超 马建辉 成新轩 聂心容 著

出版发行	知识产权出版社 有限责任公司	网　　址	http://www.ipph.cn
电　　话	010-82004826		http://www.laichushu.com
社　　址	北京市海淀区气象路50号院	邮　　编	100081
责编电话	010-82000860转8574	责编邮箱	laichushu@cnipr.com
发行电话	010-82000860转8101/8102	发行传真	010-82000893
印　　刷	北京建宏印刷有限公司	经　　销	新华书店、各大网上书店及相关专业书店
开　　本	787mm×1092mm　1/16	印　　张	8.5
版　　次	2022年10月第1版	印　　次	2022年10月第1次印刷
字　　数	122千字	定　　价	68.00元
ISBN 978-7-5130-8327-0			

出版权专有　侵权必究

如有印装质量问题，本社负责调换。

前　言

近年来，面对世界局势变化和新型冠状病毒肺炎疫情相互叠加的复杂局面，我国经济社会发展面临新的挑战。党中央分析研究当前经济形势和经济工作，编制了《国家"十四五"期间人才发展规划》，要全面加强党对人才工作的领导，牢固确立人才引领发展的战略地位，全方位培养引进用好人才。当前，人才对我国发展的效能持续增强，其支撑作用前所未有，创新已然成为发展的第一动力，人才已然成为发展的第一资源。因此，应该大力推进新文科建设，积极探索创新人才培养与人力资本积累，增强自主创新能力，增加人才培养与国家需求的适应程度。

推进新文科建设可以增加社会人文科学人才培养与社会发展需求之间的匹配程度。随着经济社会的发展，创新人才培养面临新挑战和新要求：倡导以数据为导向的数据应用型人才培养模式，并构建以学生能力培养为主的实践教学体系。

在大力推进新文科建设的背景下，首先，本书从新文科建设层面论述了创新人才培养，对新文科背景及创新人才培养思路进行梳理，将创新人才培养方向分为创业创新人才培养、科研型创新人才培养、高层次科研型创新人才培养，并分别详细论述了以多维协同平台项目为引领的项目式学习（Project Based Learning，PBL）教学法、基于学习产出的教育模式（Outcomes-based Education，OBE）理念框架下多维协同平台项目、本硕博贯通培养模式对创新人才培养的发展现状、优势、思路及其实施路径与创新发展。

其次,本书从创新人才课程教学研究与实践角度,通过对课程教学的改进融合 Seminar 教学模式培养创新人才。其中阐述了创新人才的课程教学现状,并指出 Seminar 教学模式的人才培养思路和其在教学中的优势与具体实施流程,并在课程教学中对 Seminar 教学模式作出重点扩展。随后,本书从高校角度出发,论述了面向"大数据+云平台"创新人才培养机制创新。其中,先梳理了大数据和云平台人才培养发展现状,然后阐述了依托"特色专业—学位点—优势学科"协同发展创新经济学类人才培养的动因及其制约因素等,最后论述了"大数据+云平台"背景下经济学类人才培养的"特色专业—学位点—优势学科"协同建设路径。

最后,以人力资本积累对高技术产业影响的实证分析拓展了本书的研究维度与范围。该部分基于省级面板数据,通过建立随机前沿模型,对研究生教育层面的人力资本错配指数进行测度,构建动态空间杜宾模型,分析了研究生错配的空间扩散路径。研究发现:每年获得研究生学位的人数越多,其对高技术产业主营业务收入的影响越显著;随着时间的变化,整体上错配程度在我国有着先减后增的态势;通过动态空间计量模型,对研究生人力资本错配分析发现空间溢出效应显著,并基于研究结论给出了对策建议。

参与本书编写工作的人员有毛文倩、姚瑶、赵紫凤、刘瑜、张志伟、邱文松、安语晨、王小琬等,他们在背景政策文献收集整理、章节内容梳理、实证数据收集及文字格式的修改等方面作出了诸多努力,为本书作出了大量富有成效的工作,这也是本书相关研究成果丰硕、多方一致好评的重要支持。

感谢河北大学燕赵文化学科群建设项目的资助。

本书为教育部首批新文科研究与改革实践项目"经济学类国家级一流本科专业融入理工要素的人才培养模式改革研究"(2021050022)、河北省高等教育教学改革研究与实践项目"大数据时代经济学类国家一流本科专业'开放式'创新人才培养模式研究"(2020GJJG003)、河北省高等教育教学改革研究与实践项目"基于科研反哺教学理念的统计学课程创新教学模式研究"(2021GJJG028)和河北省高等学校青年拔尖人才计划项目"大数据时代市场调查预测与人力资本积累"(BJ2021086)的阶段性成果。

目 录

绪论 …………………………………………………………………… 1

    第一节 研究意义 ………………………………………………… 1
    第二节 文献综述 ………………………………………………… 2
    第三节 内容和思路 ……………………………………………… 5

第一章 新文科背景下 Seminar 教学法的创新人才培养模式 ……… 7

    第一节 新文科的提出与发展 …………………………………… 7
    第二节 创新人才培养面临新挑战和新要求 …………………… 10
    第三节 创新人才培养需解决的关键问题 ……………………… 11
    第四节 新文科背景下的创新人才培养思路 …………………… 13
    第五节 基于 Seminar 教学法的创新人才培养模式实施与创新 …… 14
    第六节 使用 Seminar 教学法开展创新人才培养模式创新的
             主要措施 ………………………………………………… 18

第二章 以多维协同平台项目为引领的 PBL 教学法创新创业
         人才培养 ……………………………………………………… 21

    第一节 多维协同平台项目的发展现状 ………………………… 21

第二节　创新创业人才培养的新要求 …………………………… 24

第三节　多维协同平台项目在创新创业人才培养中的优势 ………… 25

第四节　PBL 教学法的创新人才培养思路 ……………………… 26

第五节　基于 PBL 教学法的多维协同平台项目的实施与创新……… 28

第六节　多维协同平台项目利用 PBL 教学法取得的综合成效……… 32

第三章　OBE 理念框架下多维协同平台项目的科研型创新人才培养 ……………………………………………………35

第一节　科研型创新人才培养的发展现状 ……………………… 35

第二节　现有科研型创新人才培养模式存在的问题 …………… 37

第三节　在 OBE 理念框架下多维协同平台项目科研型创新培养人才的优势 ……………………………………… 38

第四节　OBE 理念的科研型创新人才培养思路 ………………… 40

第五节　在 OBE 理念框架下多维协同平台项目的科研型创新人才培养实施过程 …………………………………… 41

第六节　在 OBE 框架下多维协同平台项目培养人才的具体应用 …… 43

第四章　本硕博贯通的创新人才培养 ……………………………47

第一节　经济学类本硕博贯通人才培养的政策演进 …………… 47

第二节　经济学类本硕博贯通人才培养的新探索 ……………… 49

第三节　经济学类本硕博贯通人才培养的现实困境 …………… 50

第四节　新文科背景下经济学类本硕博贯通人才培养的路径优化 …………………………………………………… 52

第五节　新文科背景下经济学类本硕博贯通人才培养的对策建议 …………………………………………………… 58

第五章 基于 Seminar 教学模式的创新人才课程教学研究与实践 …… 61

第一节 创新人才的课程教学现状 ……………………………… 61
第二节 Seminar 教学模式的创新人才培养思路 ………………… 64
第三节 Seminar 教学模式在课程教学中的优势 ………………… 66
第四节 Seminar 教学模式在课程教学中的实施流程 …………… 69
第五节 Seminar 教学模式在课程教学中的重点拓展方面 ……… 72

第六章 面向"大数据+云平台"创新人才培养机制创新 …………75

第一节 大数据和云平台人才培养发展现状 …………………… 75
第二节 依托"特色专业—学位点—优势学科"协同发展创新经济学类人才培养的动因 ……………………………… 77
第三节 依托"特色专业—学位点—优势学科"协同发展创新经济学类人才培养的制约因素 …………………………… 82
第四节 "特色专业—学位点—优势学科"协同建设的发展过程 …………………………………………………… 85
第五节 "大数据+云平台"背景下经济学类人才培养的"特色专业—学位点—优势学科"协同建设路径 ………… 87

第七章 人力资本积累对高技术产业影响的实证分析 ………………93

第一节 高技术产业发展的现状 ………………………………… 93
第二节 人力资本积累的作用 …………………………………… 95
第三节 人力资本积累对高技术产业影响的理论分析 ………… 97
第四节 人力资本积累对高技术产业影响的实证分析 ………… 101
第五节 研究结论与相应建议 …………………………………… 108

第八章　研究结果与对策建议 …………………………………… 111

第一节　研究结果 ……………………………………………111

第二节　对策建议 ……………………………………………112

参考文献 ……………………………………………………… 115

绪 论

进入新时代以来,面向社会主义事业建设需求,国家高度重视高等教育人才培养,深入实施科教兴国、人才强国、创新驱动发展三大战略,大力推进新文科建设。如何在新文科背景下促进新人才培养与人力资本积累,已成为当代社会人文科学领域应对经济社会新变化的人才培养关键性问题。基于此,探索新文科背景下创新人才培养与人力资本积累的实践路径具有深刻的理论意义和实践意义。创新人才培养与人力资本积累实践路径复杂多维,本书从新文科建设出发,从人才培养方向和育人模式两层面进行理论分析研究,在此基础上通过对人力资本的实证研究进一步探索创新人才培养与人力资本积累的路径。

第一节 研究意义

党的十八大以来,我国不断探索建立适应于国情且具有中国特色的教育体系,并取得了前所未有的成绩。然而,当前新型冠状病毒肺炎疫情形势依然不容乐观、国际冲突危机频发,我国面临着复杂的经济发展环境和严峻的风险挑战。因此,立足于新发展阶段,探索新文科背景下创新人才培养与人力资本积累的实践路径具有深刻的理论意义和实践意义。

一、理论意义

新文科背景下探索促进创新人才培养与人力资本积累对我国现阶段及

长远发展都有十分重要的理论意义。当前，人才对我国发展的效能持续增强，其支撑作用前所未有，创新已然成为发展的第一动力，人才已然成为发展的第一资源。然而，面对经济社会发展新形势新任务，传统人才培养已经出现与现实需求不适应的现象。为2035年基本实现社会主义现代化、2050年全面建成社会主义现代化强国，创新人才培养与人力资本积累是关键。因此，面对当今国内外发展形势，我们必须时刻保持忧患意识，大力推进新文科建设，更加重视创新人才培养，加快建立人才资本竞争优势，为国家阶段性发展提供人才支撑，为中华民族伟大复兴打下人才基础。

二、实践意义

新文科背景下探索创新人才培养与人力资本积累对高校建设发展和个体全面发展都有十分重要的实践意义。在推进新文科建设背景下，高等教育人才培养以创业创新人才、科研型创新人才、高层次科研型创新人才培养为导向，统筹安排做好顶层设计，因地制宜推进教育体系创新改革。本书对于高校结合自身资源条件与时代要素创新育人体制机制，推进一流学科专业、特色学科专业建设，具有指导性实践意义。本书主张将先进的教学方法模式融入学科专业的教学课程活动中，充分利用信息科技的发展，树立科学的教学理念，实现人才培养的全面发展。

第二节　文献综述

关于新文科的提出与发展，学界将2017年美国希拉姆学院（Hiram College）为应对经济社会新变化率先进行"新文科"的尝试视为新文科普遍意义上的正式诞生。❶ 同年12月，国务院办公厅印发《关于深化产教融合的若干意见》，该意见指出，我国人才培养供给侧还不能完全适应产业需求侧的现状，并提出推动学科专业建设与产业转型升级相适应等意见，以此拉开了我国新文科建设的序幕。2018年10月，教育部印发《关于加快建设高水平本科教育全面提高人才培养能力的意见》，决定制定实施"六卓越一拔尖"计划2.0项目。2020年11月，教育部发布《新文科建设宣言》，全面推动高等文科教育高质量创新发展，这意味着我国新文科建设由概念设计迈向了实施阶段。

近年来，国内学者关于创新人才培养的研究结果普遍达成立德树人、培养拔尖创新型人才、能力发展优先的共识。❷ 在创新人才培养实践路径方面大致可分为四类，一是陆国栋等认为高校应积极以学科竞赛为导向培养创新人才❸，二是周绪红和李百战主张通过跨学科交叉融合教学培养拔尖创新人才❹，三是陈恒等通过实证分析发现创新环境是产学研合作培养创新人才的重要路径❺，四是以问题为导向或构建支撑平台将创新创业教育融入

---

❶ 希拉姆学院（Hiram College）位于美国俄亥俄州东北部，2017年4月发布《Hiram College as The New Liberal Arts™: Integrated Study, High—Impact Experiences, Mindful Technology™》，信息来源：https://www.hiram.edu/hiram-news/hiram-college-as-the-new-liberal-arts-integrated-study-high-impact-experiences-mindful-technology/.

❷ 眭依凡.一流本科教育改革的重点与方向选择——基于人才培养的视角[J].现代教育管理，2019（6）：1-10.

❸ 陆国栋，陈临强，何钦铭，等.高校学科竞赛评估：思路、方法和探索[J].中国高教研究，2018（2）：63-68，74.

❹ 周绪红，李百战.国际化引领新时代高校拔尖创新人才培养[J].中国高等教育，2018（2）：28-30.

❺ 陈恒，初国刚，侯建.产学研合作培养创新人才培养效果影响机理[J].科研管理，2018，39（4）：124-133.

人才培养教学中。❶❷ 在人才培养模式创新方面：一是通过总结反思现有人才培养模式，同时参考国外成功经验，创新发展具有中国特色的人才培养模式❸；二是在信息技术的支持下改进传统课堂教学建构混合多样的人才培养模式❹；三是同时加强高校内部之间和高校与外部之间的协同合作，形成"内外协同"的共同培养创新人才模式❺。

近几年，国内学者对人力资本积累的研究主要集中在人力资本对我国经济社会发展的影响方面，其涉及领域包括经济高质量发展动能转换❻、制造业升级❼、乡村振兴❽等方方面面。张宽和黄凌云则实证检验了人力资本对社会自主创新能力的影响。❾

通过对有关新文科、创新人才培养与人力资本积累的文献梳理发现，新文科建设是响应国家新征程的必要之举，面对现阶段国家对人才的急迫需求，国内各界人士做了大量的理论研究和实证分析。但是，对于新文科背景下创新人才培养与人力资本积累，目前国内还缺少综合性、系统性的

---

❶ 游艺，李德平.创新创业教育融入专业教育的实践教学改革探讨[J].社会科学家，2018（2）：119-123.

❷ 张小玉，张梅.高校大学生创新创业能力培养策略研究[J].学校党建与思想教育，2019（21）：95-96.

❸ 隋姗姗，钱凤欢，王树恩.我国创新创业人才培养路径探析——基于国外经验比较与创新创业教育生态系统构建的角度[J].科学管理研究，2018，36（5）：105-108.

❹ 宋余庆，陈权，刘哲，等.新工科背景下工程创新人才国际培养的探索与实践——基于"双跨"团队体验混合式学习模式的建构[J].高校教育管理，2018，12（3）：102-108.

❺ 张晓芬，史宪睿."内外协同"高校创新创业人才培养体系构建[J].现代教育管理，2018（3）：47-51.

❻ 陈昌兵.新时代我国经济高质量发展动力转换研究[J].上海经济研究，2018（5）：16-24, 41.

❼ 阳立高，龚世豪，王铂，等.人力资本、技术进步与制造业升级[J].中国软科学，2018（1）：138-148.

❽ 赖德胜，陈建伟.人力资本与乡村振兴[J].中国高校社会科学，2018（6）：21-28, 154.

❾ 张宽，黄凌云.贸易开放、人力资本与自主创新能力[J].财贸经济，2019，40（12）：112-127.

研究，这也就是本书问世的原因。

第三节 内容和思路

本书首先详细阐述了新文科背景下创新人才培养面临的挑战、问题及其实践路径。其次以创新创业人才、科研型创新人才、高层次科研型创新人才培养为导向，分别论述了以多维协同平台项目为引领的 PBL 教学法、OBE 理念框架下多维协同平台项目、本硕博贯通人才培养路径。再次详细研究分析了基于 Seminar 教学模式的创新人才课程教学的优势、实施流程与实践路径，并对高校"特色专业—学位点—优势学科"协同育人平台作出了探索。最后基于 2002—2019 年的省级面板数据，构建随机前沿模型和动态空间杜宾模型，实证分析我国研究生人力资本对高技术产业的影响，以及如何通过减少教育错配优化产业结构。

第一章　新文科背景下 Seminar 教学法的创新人才培养模式

新时代是大数据时代，经济活动呈现出数据化的特征，出于社会主义事业发展的迫切需要，高等教育体系应国家对创新人才之需，紧扣时代脉搏，大力推进新文科建设。在新文科建设推进中，学科专业发展如火如荼，与此现状相应的是，现有教育体系的人才培养模式面临着随社会发展新变化而来的种种挑战。尤其是在经济社会发展迅速的信息时代，社会发展瞬息万变，创新人才培养也就面临复杂多样的挑战，如何推动人才培养模式改革以克服重重挑战、加快创新人才培养成为亟待解决的关键问题。人才培养模式改革的关键是教学方法的改进。Seminar 教学法不仅是对传统填鸭式教学方式的突破，也包含了对教与学关系及传统人才培养模式的变革。以 Seminar 教学法的引入为契机，推动我国人才培养模式创新，是提高人才培养质量、顺应新时代需求的重要途径。

第一节　新文科的提出与发展

随着社会进步、科技发展，借助脑力的延伸——计算机互联网的应用，人的社会实践活动向着数字化、复杂化发展。此时，应用传统的单一专业知识和思维模式已难以适应社会需求。基于此，2017 年美国希拉姆学院率先进行了"新文科"的尝试，通过学科交叉融合打破学科专业壁垒，进行跨学科综合性学习。由此，"新文科"走进人们的视野，并被我国重视。

我国新文科发展可大致分为概念萌芽—概念成熟—正式实施三个阶段。21世纪以来，我国教育事业取得丰硕成果，但在复杂的客观因素影响下，也面临着诸多问题和挑战，基于此，2017年12月印发了《国务院办公厅关于深化产教融合的若干意见》（见图1-1）。该意见指出，我国人才培养供给侧还不能完全适应产业需求侧的现状，并提出推动学科专业建设与产业转型升级相适应等意见。该意见已经明确意识到学科专业交叉融合是培养适应新发展人才的重要途径，其内涵与提出新文科的内涵一致，可被视为我国新文科概念的萌芽。

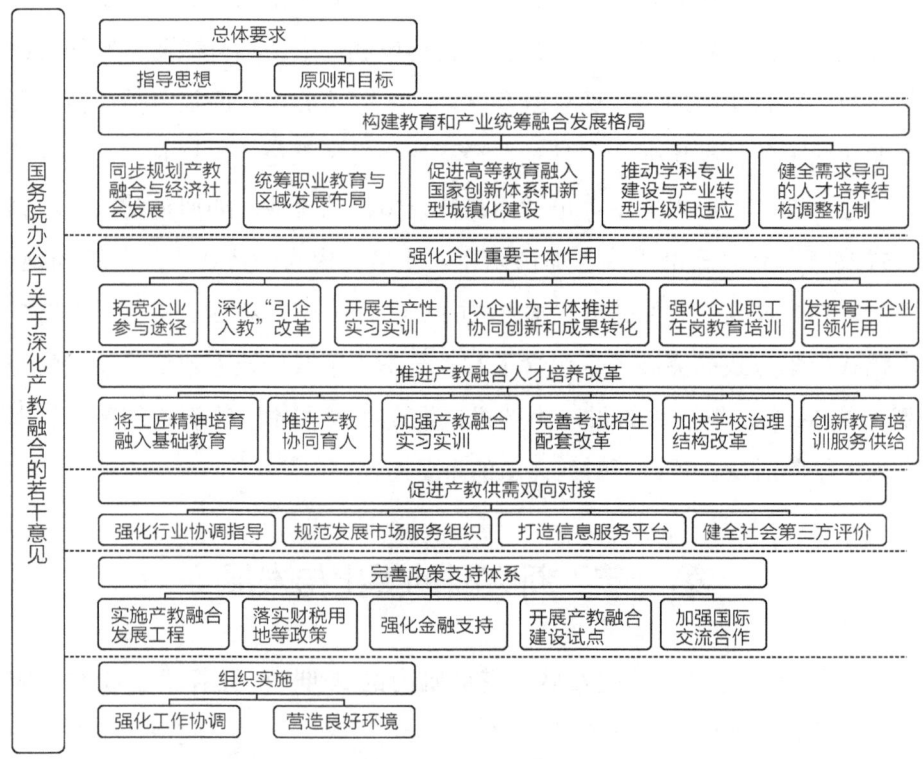

图1-1 国务院办公厅关于深化产教融合的若干意见

2018年10月，教育部印发《关于加快建设高水平本科教育全面提高人才培养能力的意见》(见图 1-2)，该意见决定制定实施"六卓越一拔尖"计划 2.0 项目。由此，中国新文科建设有了规范性指导意见，新文科建设正式提上日程，故可将此视为我国新文科概念走向成熟的标志。❶2020 年 11 月，教育部召开新文科建设工作会议，发布《新文科建设宣言》，全面推动高等文科教育高质量创新发展，这意味着新文科建设由概念设计阶段迈向了实施阶段。

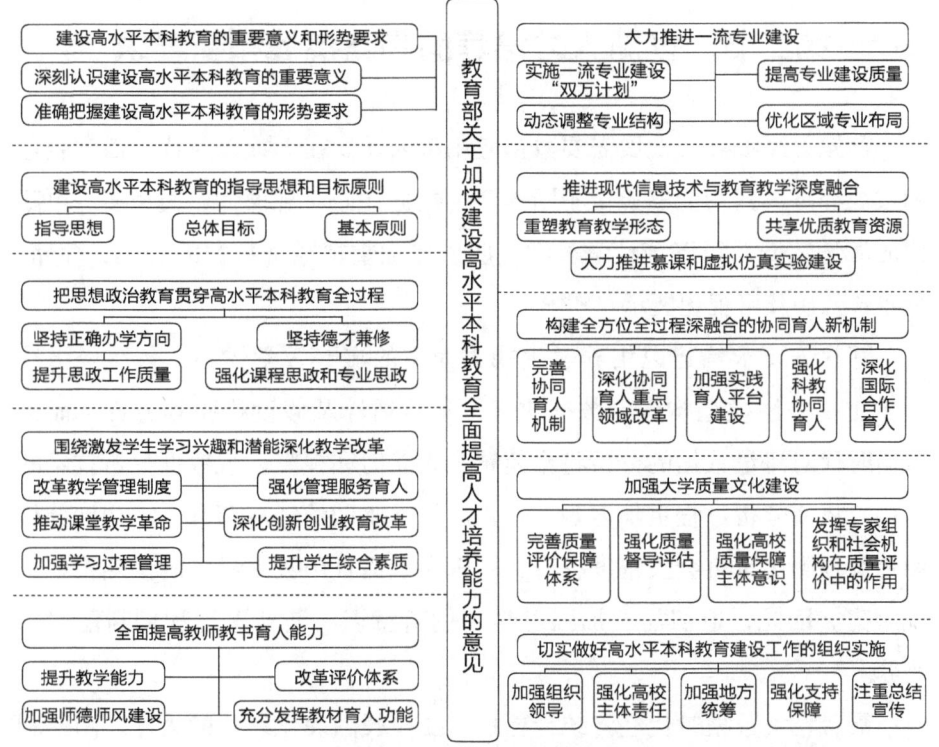

图 1-2　关于加快建设高水平本科教育全面提高人才培养能力的意见

2021 年 4 月，习近平总书记在清华大学考察时强调，要用好学科交

---

❶　中国新文科概念走向成熟之前还有一个过渡阶段。2018 年 3 月，教育部高等教育司司长吴岩在南方科技大学发表的讲话中已经提及新文科将是之后高校改革发展的方向。同年 6 月，150 所高校应国家之需联合发布的一流本科教育宣言提及加快文科创新发展。同年 8 月，中共中央办公厅、国务院办公厅印发关于新时代教育改革发展的重要文件，正式提出包括新文科在内的"四新"是我国高等教育的发展方向。

叉融合的"催化剂",加强基础学科培养能力,打破学科专业壁垒,对现有学科专业体系进行调整升级,瞄准科技前沿和关键领域,推进新文科建设,加快培养紧缺人才。截至2022年5月,中国高等教育体系已明确构建世界水平、中国特色文科人才培养体系总体目标,持续布局关键领域人才培养,已设立文科类基础学科拔尖人才培养基地70个,涉及高校29所。

第二节 创新人才培养面临新挑战和新要求

首先,经济社会发展需要数据应用型人才。在大数据时代,微观企业和宏观经济机构均能够源源不断地产生数据,面对规模大、类型多、更新快的海量数据,经济统计学教学也应该更加重视经济数据的收集、存储、分布式处理及可视化展示。❶❷❸

其次,要求构建以培养学生能力为主的实践教学体系。传统经济统计学主要关注模型构建、数据收集、参数估计及假设检验等方面,而大数据时代对海量数据的分析将会超越个人能力和视野。大数据分析技术的应用,将使分析过程更加客观、公正。数据驱动的经济调查、结构性分析和趋势预测比重将会大幅度提升,用事实说话且用数字说话的预测将更具说服力。因此,迫切需要加强对学生创新意识、创新思维和创新能力的培养。

最后,大数据时代经济统计更加需要擅长图表化表达的人才。图形和表格能够更直观地对经济个体之间的关系进行揭示,对复杂的经济发展过

---

❶ 查先进,杨海娟.大数据背景下信息管理专业人才培养模式改革创新影响因素研究——以湖北高校为例[J].图书情报知识,2016(2):21-29.

❷ 夏大文,张自力.DT时代大数据人才培养模式探究[J].西南师范大学学报(自然科学版),2016,41(9):191-196.

❸ 蓝荣聪,陈永福.大数据视域下大学生创新能力培养的思考[J].思想教育研究,2014(11):70-72.

程和脉络进行展现；对个体或区域的经济行为进行数据挖掘和深度学习，从而对经济事件的本质进行深入而清晰的解读。❶❷

如上所述，大数据时代所需经济统计学人才的素质和技能发生了巨大变化，因而对传统的经济统计学人才模式提出了极大的挑战。

第三节　创新人才培养需解决的关键问题

大数据时代，经济统计学人才培养模式的改革进展相对缓慢。教育目标由单一化转变为多元化，以自由、主动、开放、交流的教学模式推进教育变革，激发学生的积极性、创造性、自主性，提升人才质量，真正做到全面素质教育，是大数据时代经济统计学人才培养模式改革的主要方向。然而，虽然各高校经济统计学专业在人才培养改革方面已取得诸多成果，但还存在较多欠缺，主要表现在以下方面。

（1）教学理念滞后。部分经济统计学专业负责人及教师，对大数据时代人才培养模式改革的迫切性认识不足。在传统教学过程中，教学内容有时会脱离学生学习生活和社会实践，忽视对学生的学习主动性和创新精神、创新能力的培养，不符合大数据时代教学改革的方向，制约人才培养模式改革的推进。

（2）信息化手段不足，缺乏配套的实验设备。目前传统经济统计学的应用采用实验模式，尚没有利用在线课堂的混合式教学模式，因此只能局限于课内时间和实体实验室环境，不能达到随时随地实验实训的要求。❸❹

---

❶ 连娜，张筱筠."大数据"时代新闻传播人才培养模式的创新［J］.新闻界，2014（15）：29-32.

❷ 李东荣.大数据时代的金融人才培养［J］.中国金融，2013（24）：9-10.

❸ 赵伶俐.以"教学基本状态数据"为据——《大数据时代》对第二次本科教学评估的启示与警示［J］.现代大学教育，2015（2）：95-102，113.

❹ 吴叶林，崔延强.基于大数据背景的高职院校专业设置机制创新探究［J］.中国高教研究，2015（5）：95-99.

实践项目的过程管理是人才培养质量提高的有效保障，目前实践环节管理缺少信息化过程手段，难以对学生训练的进程进行监督、记录和控制，教师在指导上存在很多盲区。同时，缺乏配套的实验设备和基础设施，盲目跟风引入的实验设备及基础设施利用效率较低，难以便捷高效地为教师和学生服务。❶❷

（3）真实应用案例引入不足，缺乏数据与案例的共享平台。在经济统计学的教学实践中，真实应用案例引入不足，尤其是微观案例大多为虚拟数据，结合企业或社会实际需要的真实案例相对较少，缺少引入企业或社会真实案例的途径或平台。各年度学生实践案例是学生学习的重要资料，目前这些资料分散在学生或指导老师手中，缺少统一的保管机制及共享机制，不便于为大数据时代经济统计学的教学提供借鉴或指导。

（4）学生成果缺乏统一展示的平台。在经济统计学的教学过程中，不乏优秀的作品和表现优秀的学生，这些作品和人才的展示可以使企业或社会快速获得所需要的项目和人才，目前在学生项目展示和人才展示方面缺少信息化平台。

（5）缺乏与企业和社会专家的对接体系。大数据时代经济统计学相关课程均涉及数学、统计学和计算机等学科知识，而专业实践项目尤其是结合社会实际的项目的开发需要多方面的社会实践经验。❸❹校内指导老师在社会实践方面存在不足，这就需要引入企业或社会专家的帮助。目前还是缺少能与企业和社会专家对接的信息化平台，零散的外部企业培训和社会专家指导也缺乏体系。另外，现有的校企合作人才培养制度没有形成网络

---

❶ 周耀林，黄川川．大数据时代信息管理学科人才培养模式改革研究［J］．中国高教研究，2017（10）：107-110.

❷ 秦炜炜，洪晔，马艳芸．大数据时代的高等教育创新人才培养：动因、挑战与路径［J］．中国高等教育，2018（Z1）：60-62.

❸ 何克抗．大数据面面观［J］．电化教育研究，2014，35（10）：8-16，22.

❹ 胡弼成，王祖霖．"大数据"对教育的作用、挑战及教育变革趋势——大数据时代教育变革的最新研究进展综述［J］．现代大学教育，2015（4）：98-104.

型的闭环体系，缺乏深层次和长效的校企合作人才培养机制，往往是单要素、单主体、单联系的个体连接，难以实现相互适应、相互激励、相互改进的协同创新体系。

第四节　新文科背景下的创新人才培养思路

文科创新发展，即为新文科，全国上下一心大力推进新文科建设，目的在于满足国家对创新人才的急迫需求。2019年10月，南方科技大学举行"新文科之新与创新人才培养高端论坛"❶，来自各高校和社会各界的专家学者就新文科建设的诸多方面进行了深入交流探讨。总地来说，推进新文科建设，培养创新人才的主线思路为：加强培养基础学科能力，以学科交叉融合作为"催化剂"，打破学科壁垒，瞄准科技前沿和关键领域，调整升级现有学科体系，构建科技人文体系，以提升原始创新能力，培养创新型人才。其中，学科交叉融合是新文科的关键，培养创新人才是新文科的核心。❷

学科交叉融合，一是坚持中国特色。我国建设新文科是为了服务于当前中国国情，要求推进学科交叉融合时必定是具有中国特色的，而不是一味地照抄照搬西方经验。推进学科交叉融合要坚持中国特色，就是坚持从中国实际出发、从区域发展特色出发，因地制宜地交叉融合学科专业，为当地输送创新人才。二是夯实学科基础理论。学科交叉融合要分清主次：本学科专业基础理论为主，以此确保学科本质不变；多学科应用为辅，以此延伸丰富学科新内涵。三是多学科交叉和深度融合。分清学科专业主次，最终回到实际的经济活动。现今，社会因生产生活而产生的实践活动

---

❶ 杨果，陈劲松."新文科之新与创新人才培养高端论坛"简讯[J].探索与争鸣，2019（10）：41.

❷ 郁建兴.以系统思维推进新文科建设[J].探索与争鸣，2021，378（4）：72-78，178.

具有前所未有的复杂性,想要合理地解释这种复杂性就需要具备多学科的知识。因此,学科交叉融合不是简单的几门学科融合,而是多学科交叉且有深度的融合。

在新文科背景下培养创新人才,可从以下两方面入手。一是增加高校新文科基础功能设施建设。目前国内高校国家重大科技基础设施建设绝大多数还集中在理工科❶,高校应该积极探索建设新文科实验室❷,促进学科交叉融合发展,把握新征程中的发展机遇,培养一批社会所需的高水平创新人才。结合社会发展现状建设新文科基础功能设施,可重点关注各类数据库、学术资源平台、特色前沿科技等。二是改进教育模式,转变学生思维范式。以专业教育和素质教育为主的旧教育模式存在诸多问题,所培养出的人才已经难以更好地满足社会主义事业发展的需要。❸与时俱进改进教育模式,兼顾理论基础与科研实践,结合社会需求制定教学课程,以问题为导向,从认知体系入手规范学生思维,最终培养学生通过技术赋能积极主动探索人文学科关键领域问题。

第五节　基于 Seminar 教学法的创新人才培养模式实施与创新

当今欧美很多大学普遍效仿柏林大学,采用尊崇学术自由、坚持教学与科研相结合的 Seminar 教学法。随着教学研究和实践的不断深入,Seminar 教学的特征更加符合大数据时代经济统计学的人才培养目标:Seminar 教学能促使学生主动地进行自我建构,有利于学生由内向外地探

---

❶ 葛焱,周国栋,倪丹梅.高校国家重大科技基础设施建设现状探讨与思考[J].科学管理研究,2020,38(1):52-56.

❷ 解志韬.高校文科实验室的功能定位、逻辑机理与建设路径——基于"新文科"发展的交叉科学视角[J].南京社会科学,2022(5):126-132,151.

❸ 祝蕊,刘炜.新文科与数字人文学科建设[J].图书与情报,2021(5):53-59.

求解决问题的方法；在体现学生主体性的同时，Seminar 教学强调多个参与主体间的相互依存性，不仅有学生之间的互动，更要求师生之间的指导与反馈。通过 Seminar 教学法，经济统计学人才培养模式从封闭走向开放，以开放性问题为中心，自主探究，敏锐地发现问题，促进学生对知识的理解，充分发挥学生学习过程中的创新思维和创新精神，在创新实践中提高学生的能力和素质。因此，在经济统计学教学中引入 Seminar 教学法，不仅是一种教学方法的改进，更是人才培养理念和人才培养模式的创新，是满足大数据时代对经济统计学人才培养需要的重要途径。

一、Seminar 教学法主要实施过程

大数据时代，经济统计学专业需要改革传统的人才培养模式，更加重视学生探索和研究问题能力的培养。Seminar 教学法的运用是满足这一需要的有效途径。考虑经济统计学的专业特点及大数据时代的需求，结合教学实践，我们将 Seminar 教学法概括为六个主要过程（见图 1-3）。

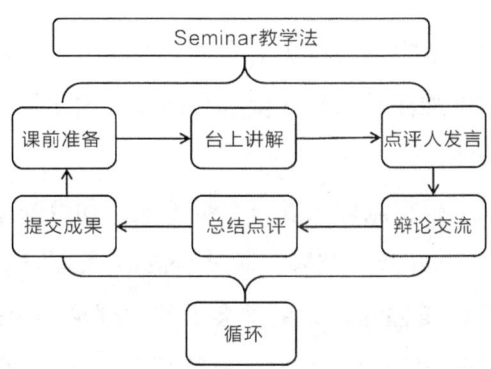

图 1-3　面向经济统计学的 Seminar 教学法主要过程

（1）课前准备。大数据时代，数据的提取、存储和整理是分析过程的重要组成部分，有些研究的数据分析比构建模型和预测都要更加复杂和关键，而数据的真实性是进行数据分析的前提之一，因此教学实践选择真实的大数据更加具有研究价值和现实意义。一方面，推行以问题和数据为导

向的教学过程，教师应介绍基于社会和经济真实案例的 Seminar 教学任务，详细说明 Seminar 教学任务的分析目标、现实背景、数据类型及变量意义，引导学生思考，调动学生的主观能动性，但不进行理论和方法方面的说明和解释，由学生主导整个问题解决过程；另一方面，学生根据要求再查找相关资料并总结观点和规律，以备课堂中使用。

（2）台上讲解。报告人根据 Seminar 教学任务分析数据，充分发挥潜能，完成分析整理和归纳概括，并利用多媒体对该主题的内容、过程及研究结论进行论述。台上讲解过程中展示成果，可以让学生体验到学习的成就感，从而获得较高的自我效能感。

（3）点评人发言。点评人对台上讲解内容进行总结和点评，可以对研究过程的完整性和研究方法的科学性进行点评，也可以对研究成果和结论对策的质量进行评价。

（4）辩论交流。辩论交流更加强调学生之间的深度参与，反映了学生之间思维的反思和升华，可以引出更多的发问和思考，使双方相互促进和提升。

（5）总结点评。学生成果难免会出现一些问题，教师应当予以说明和纠正；同时教师应更加注重引导学生解决问题，这才是保证后续研究过程有效开展的前提条件。

（6）提交成果。根据点评人发言、辩论交流和教师总结点评环节的建议和意见，完善 Seminar 教学成果。通过 Seminar 教学法，学生不断增加自身的知识储备，不仅掌握知识，更学会了使用理论知识来解决实际问题，培养了学生的实际运用知识的能力。教师留存 Seminar 教学成果，并指导学生的后续研究。

二、Seminar 教学法分工模式创新

在大数据时代，Seminar 教学法倡导平等对话的教学模式，激发培养学生的主体精神和创造意识，可以实现学生经济统计思维素质和综合能力的

全面提高。❶ 在 Seminar 教学的过程中，教师不仅教授学生经济统计专业知识，还要传授学生学习方法，更要引导学生学习研究方法，这有利于改革我国大学课堂教学，提高人才培养质量；从创造性人才培养目标出发，运用 Seminar 教学法，在教学统计专业知识的同时，重在培养学生创造性和实践应用能力，训练学生的元认知，引导学生自觉自律，做到建构主义学习理论的诊断性与反思性相结合，利于培养大学生的创新意识、创新思维和创新能力。

在经济统计学人才培养模式中引入 Seminar 教学法，不仅丰富了经济统计学人才培养的教学方法，更重要的是转变了传统人才培养的角色分工，让教师自由地教，让学生自由地学（见图 1-4）。

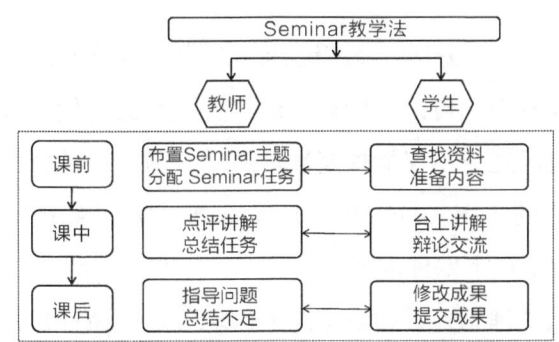

图 1-4　基于 Seminar 教学法的经济统计学人才培养模式分工

从人才培养的教师分工视角来看，教师仅仅充当组织者、参与者、引导者的角色，将更多的学习、表达和动手实践机会都留给学生。从教师的角度来看，主要工作是启发教导，做好学生学习、思维的促进者与帮助者，启发学生进行思考和探究。学生思考和探究的动机越强烈，主动学习行为越多，说明教师的启发教导越有效果，也表明利用 Seminar 教学法能更好地培养经济统计学人才。这样的分工转变使教师更广泛地提升自身综合素质，按照经济统计学学习的过程和研究的思路去组织教学，最终师生

---

❶ 丁宁. 借鉴 Seminar 教学法提升课程教学质量［J］. 中国高等教育，2012（12）：48-49.

之间相互学习、相互提高。

从人才培养的学生分工视角来看，经济统计学学生按照 Seminar 教学的要求，在教师启发下开展自主学习和深度思考。通过教师引导，消化理解理论知识，灵活运用理论方法，在小组合作学习和团结协作的基础上完成 Seminar 教学任务。在 Seminar 教学的框架下，在小组讨论的基础上完成研究报告，并进行大组讨论。Seminar 教学法在开阔学生眼界、发挥学生学习主动性、激发学生探索创意等方面显示出明显的优势。

第六节　使用 Seminar 教学法开展创新人才培养模式创新的主要措施

使用 Seminar 教学法开展经济统计学人才培养模式创新丰富了经济统计学教学的课程建设，可以有针对性地解决大数据时代经济统计学人才培养中存在的关键问题，不仅能提高教学质量，而且对学生的智力发展和能力培养有着重要的作用。目前基于 Seminar 教学法的经济统计学人才培养新模式主要采取了以下四种措施。

（1）更新教学理念，明确学生的主体地位。不断进行教育创新，逐渐形成了以学生为中心、课内与课外相结合、教学与研究相结合的创新人才培养模式。发挥 Seminar 教学法的优势，激发学生的求知欲，鼓励理论与实际相结合，注重学生的科学素养和创新能力的培养，完善以人为本、因材施教、个性发展的人才培养新模式。

（2）修订教学文件，将 Seminar 教学法写入经济统计学人才培养方案和课程大纲中。在经济统计学培养方案修订过程中，明确 Seminar 教学法引入的课程及引入的程度，此后在课程大纲编写中进一步明确 Seminar 教学法使用的具体环节，从而形成经济统计学人才培养模式的制度保障。

（3）加强师资培训及与社会合作对接。目前多数教师对 Seminar 教学法并不熟悉，我们组织教师参加 Seminar 教学法的研讨班和校内的 Seminar

方法教学观摩活动，使教师尽快掌握 Seminar 教学法的精髓与相关技巧。同时，进一步完善与掌握大数据资源的企业和政府机关等的合作机制。通过以上措施有效解决经济统计学人才培养模式中的师资培养问题和数据来源问题。

（4）加强配套服务工作。学校建立和完善大数据处理的相关平台，加强信息化建设，提高管理水平，逐步丰富 Seminar 教学法的教学资源，建立学生成果共享和展示平台，提供经济统计学人才培养模式中的硬件和软件支撑。

第二章 以多维协同平台项目为引领的 PBL 教学法创新创业人才培养

随着大数据时代及"互联网+"时代的到来，我国对创新创业人才的培养需求更加迫切，高等院校的创新创业教育也应逐渐深入。结合当今新时代人才培养的实践需求及我国高等院校传统人才培养模式的不足之处，在创新创业人才培养中提出了基于 PBL 教学法的"多维协同"教学模式。因此，本章通过引入基于 PBL 教学法的多维协同平台项目，构建"多维协同"的大学实践教学模式，以有效改善大学生学习模式，促进大学生创新创业能力及综合实践能力的整体提升，以期促进我国高等院校的人才培养模式改革。

第一节 多维协同平台项目的发展现状

人类社会生产实践活动不断扩展，其形式呈现多元化、复杂化、数据化等特点。基于此，为更好应对社会快速发展中面临的诸多挑战，稳步建设社会主义伟大事业，国家高度重视教育发展。2017 年以来，先后印发《新一代人工智能发展规划》（见图 2-1）、《教育信息化 2.0 行动计划》（见图 2-2）和《中国教育现代化 2035》等教育科技领域的重要文件，指出了利用现代信息技术与传统专业学科交叉融合培养创新人才的教育发展方向。在完善改进教育育人模式中，发现多维协同教学模式可以有效地培养出符合社会需求的高质量人才。

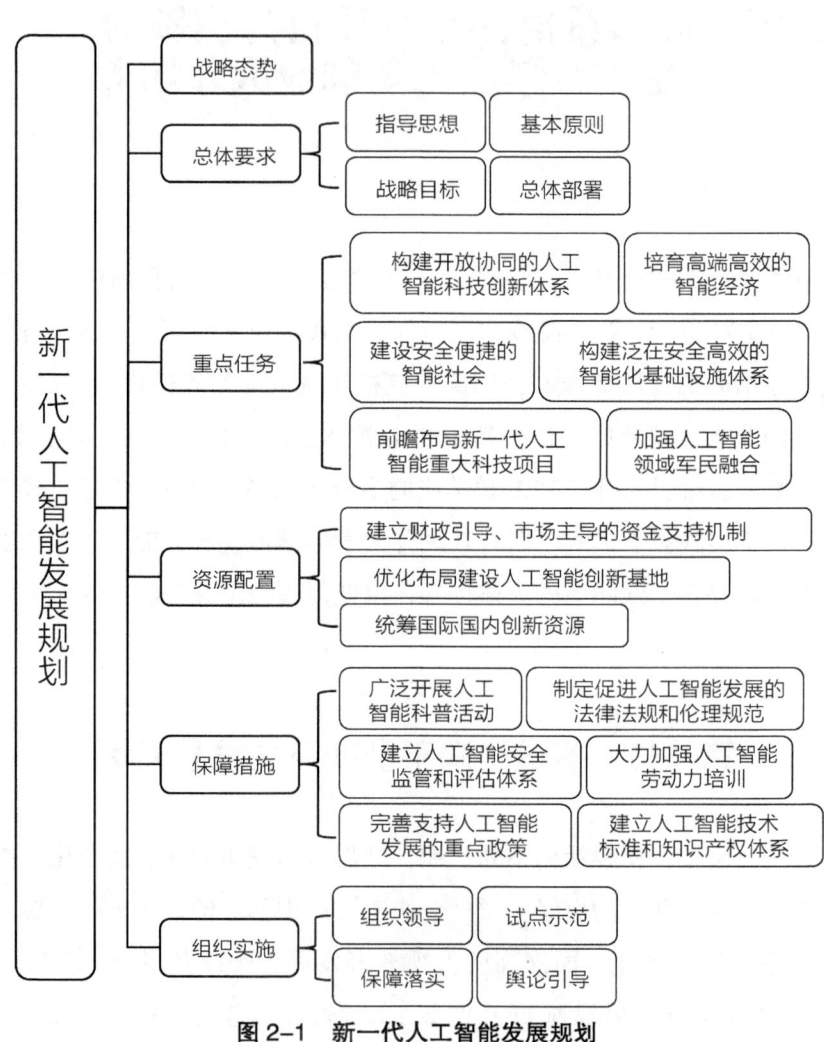

图 2-1 新一代人工智能发展规划

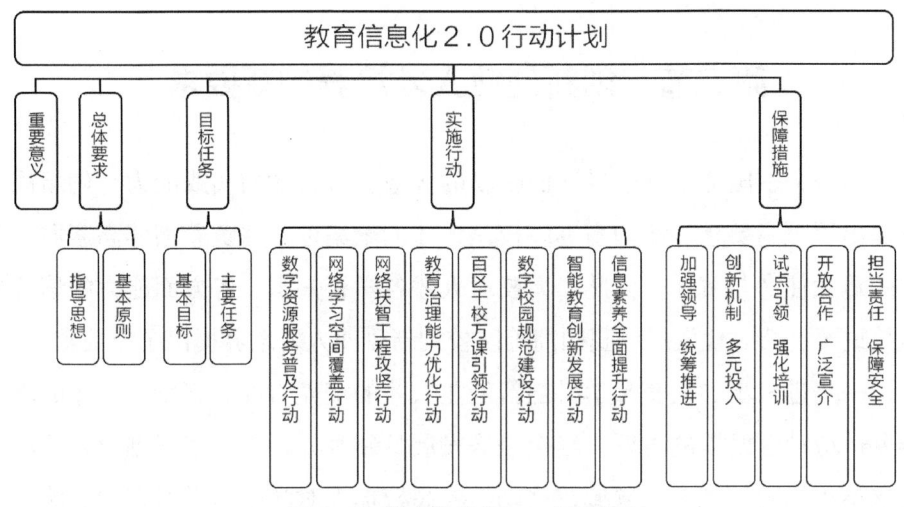

图 2-2　教育信息化 2.0 行动计划

我国高等教育体系鼓励高校抓住时代机遇，乘科学技术进步之风，积极探索破解区域间教育发展水平差异、高校间教育资源流动壁垒等难题。其中，通过技术赋能提供基础支撑平台，助力高校开展多维协同平台项目效果尤为显著。❶ 开展多维协同平台项目的指引和方向有问题导向、目标导向和结果导向。问题导向就是在实施多维协同平台项目中以解决问题为导向❷；目标导向就是在实施多维协同平台项目中以实现目标为方向；结果导向就是在实施多维协同平台项目中追求最终学习成果最大化，以学习结果为导向整合多要素推进多维协同教学❸。

---

❶ 朱伯东，黄琼珍. 技术赋能下帮扶薄弱学校发展的"多维协同"模式研究[J]. 中国电化教育，2022（5）：122-129.

❷ 蒋宁山，李辉，张吾渝，等. 基于问题导向的教学方法在专业硕士教育中的应用思考[J]. 教育现代化，2018，5（37）：77-78.

❸ 王伟芳. 学习成果导向的多维协同教学模式探索与实践[J]. 中国大学教学，2017（5）：74-77.

第二节 创新创业人才培养的新要求

当今，中国经济社会发展面临新的挑战，对人才的实践能力与创新能力提出了更高要求。我国高等院校是人才的聚集地，肩负着培养高素质人才的重大使命与责任。因此，高校对人才各学科知识、各方面能力的培养至关重要，新时代发展对我国高等院校创新创业人才培养提出了新要求。

一是进一步加大交叉学科创新创业人才的培养力度。高校对人才的培养要适应社会发展的需要，当今经济发展日新月异，对于创新创业人才的需求不再局限于某一个领域，这就需要高校加大对学生跨学科知识、跨专业思维的培养力度，加强不同高校、不同学院之间的协作，整合资源；同时关注学生个体之间的差异，让学生结合自己兴趣爱好自由选择多学科交叉领域，让他们有更多的选择空间及发展空间，做到因材施教，提高学生的自主创新意识和能动性。

二是加强创新创业人才的科研训练。为了培养社会需要的创新创业人才，更好地发挥社会服务功能，必须充分发挥科学研究的作用。科研训练可以促使学生运用所学知识进行创新性分析，督促学生主动学习，培养学生的能动性和创新能力。因此，我国高校应加大科研投入力度，创办开放的实验室或研发中心，积极鼓励学生参加课题研究；教师给予学生合理的引导，注重培养学生对科研的兴趣，建立跨学科研究平台，整合各方面的资源。❶

三是增强创新创业人才的团队合作意识和社会责任感。新时代需要创新创业人才个人能力的彰显，更需要人与人之间的合作与协助，这样往往能够事半功倍。高校应促使学生共同学习，让学生在学习过程中不断交流

---

❶ 陈松庆，王书莉. 基于四大平台的创新人才培养模式实践探索［J］. 教育现代化，2017，4（47）：9-10，15.

增进情感，使学生从被动消极的参与转化为积极主动的探索，充分发挥集体智慧与群体力量。高校培养的具有实践能力与创新能力的人才将在社会变革和经济发展中发挥引领作用，这就要求他们具有高度的社会责任感，在高校教学实施过程及学生选择科研方向时紧密结合社会热点，使学生担当起国家发展、社会发展的责任。

四是激发学生的创新热情和创业精神。社会快速发展，新鲜事物层出不穷，要想适应未来社会的快速发展，人才的创新能力、自主学习能力及适应与引领未来的能力等的要求更高。因此，高校要以培养创新型人才为目标，优化培养方案，跟上时代发展和知识更新的速度，广开学习途径，激发学生创新热情与创业精神，在实践中探索，在生活中学习，充分利用各种学习资源。

第三节　多维协同平台项目在创新创业人才培养中的优势

我国高校积极探索人才培养模式的改革并取得了一些成功经验，但在人才培养模式改革和创新能力建设方面进展相对缓慢。[1]创新创业人才培养模式比较单一，基本上是"应试教育"的培养模式，使得大学生动手实践能力薄弱，创新思维、创新能力不足；教学方法普遍采用"灌输式"，重"灌输"轻引导；评价方式单一，我国高等教育还没有从根本上改变知识化、分数化的人才评价标准，无法满足社会对人才实践能力、创新能力的要求。

多维协同平台项目的实施将有效改善我国传统创新创业人才培养模式，培养大量高素质高能力人才。在大众化教育阶段，应改变传统教学模式，寻求创新创业人才培养模式与教学方法的改革创新。

---

[1] 谢永红. 改革传统育人方式培养拔尖创新人才［N］. 湖南日报，2018-10-25（8）.

多维协同平台项目基于协同育人理论，以学生为中心，整合多方面资源，突破传统教学模式，从相对孤立走向相互协同，从封闭僵化走向日益开放，从单一育人走向协同育人，旨在使高校推进创新创业人才培养模式创新，为社会培养更多的创新创业人才。❶ 多维协同平台项目整合多种资源，协调多种因素，拓展和开发多种途径，重视资源的整合与开放，摒弃封闭单一、各行其道的培养体系，使得高校教育在时间和空间上逐渐扩张，变知识教育为素质教育，使学生更好地去适应瞬息万变的形势。

第四节　PBL 教学法的创新人才培养思路

近年，高校积极探索培养创新人才新思路、新方法，发现以问题为基础的学习（即 PBL）❷ 教学模式有着较好的效果。PBL 教学法广泛应用于医学院校学科教学，随着教学客观条件得到满足，PBL 教学法被融入越来越多的学科专业教学课程设计中。在此实践过程中，国内学者普遍发现 PBL 教学法有以下优势特点。一是可以有效调动教与学的积极性。❸ 在专业学科教学中采用 PBL 教学法，既需要老师系统性指引和总结教学知识体系，又要求学生在课外进行大量准备。❹ 二是增强学生团队合作意识。PBL 教学法鼓励学生组建学习小组，分工协作共同思考具有复杂性和开放性的客

---

❶ 李小蓉.基于创新人才培养目标的高校教学改革策略探究［J］.智库时代，2018（24）：40，42.

❷ Tavakol K，Reicherter E A．The role of problem-based learning in the enhancement of allied health education．［J］．Journal of Allied Health，2003，32（2）：110．

❸ Srinivasan M，夏颖，顾鸣敏.PBL 教学法与 CBL 教学法的比较——基于两种教学法的转换在临床课程学习上的效果分析［J］.复旦教育论坛，2009，7（5）：88-91.

❹ 李岗，冯树林.改良 PBL 教学法在泌尿外科实习教学中的应用［J］.教育理论与实践，2016，36（21）：51-52.

观问题。❶ 三是在新文科背景下，PBL 教学法应用于多学科交叉课程教学取得的效果较好。❷

PBL 教学法培养创新人才的主体思路是（见图 2-3）：老师提出要求引入问题，以问题为导向，培养学生自主学习能力，促进学生获得创新能力，以解决问题；❸ 在此基础上鼓励学生进行学习经验自我提炼，老师对此进行一个总

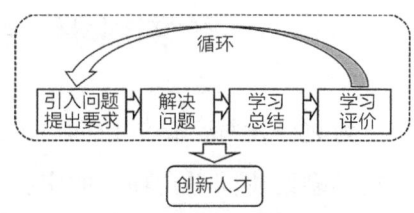

图 2-3　PBL 教学法培养创新人才

结评价，指正过程结果中的不足，为面对新问题做好准备。PBL 教学法适用于医科、工科、人文学科等众多学科教学，其广泛的适用性使得 PBL 教学法在新文科背景下，在学科交叉融合教学中表现突出。❹❺❻PBL 教学法以客观问题为起点，促使学生组建学习小组分工协作，借助教学资源，依据问题主动收集信息，主动了解新的知识，批判性探究问题根源，开放式探索解决策略。在这个过程中，培养学生自主学习、独立学习、合作学习意识，用批判性思维去审视面对的客观问题，结合所学知识，用创造性思维去解决新的问题。

---

❶ 魏冬捷.试析 PBL 教学法对培养低碳经济人才的应用价值［J］.教育与现代化，2010（4）：38-41.

❷ 毛志忠，朱兆珍.PBL 教学法在财务管理课程中的教学效果评价［J］.东南大学学报（哲学社会科学版），2015，17（S2）：172-173.

❸ 魏冬捷.试析 PBL 教学法对培养低碳经济人才的应用价值［J］.教育与现代化，2010（4）：38-41.

❹ 方朝晖.PBL 教学法在内分泌临床实习中的应用［J］.中医药临床杂志，2011，23（12）：1114-1115.

❺ 江学良，杨慧.PBL 教学法在土建类硕士研究生课程教学中的探索［J］.研究生教育研究，2014（5）：36-40.

❻ 张晓红，苗月新，南荣素.创新人才培养模式研究——基于财经高校的视觉［M］.北京：经济科学出版社，2012.

第五节　基于 PBL 教学法的多维协同平台项目的实施与创新

为充分发挥"多维协同"人才培养模式优势，引入 PBL 教学法，以此推动多维协同平台项目的实施，顺应当今时代对人才培养的实践需求。PBL 教学法是一种以问题为导向的教学方法，可以有效促进多维协同平台项目的实施，改善传统教学方式，以问题为核心，以学生为主体，通过学习者之间合作解决实践问题，从而掌握问题背后的知识，使学生学会认知、学会合作，综合素质得到提升，是新时代创新创业人才培养的重要途径。❶

一、PBL 教学法的基本理念

在多维协同平台项目中应用 PBL 教学法，可以将课堂与实践、教师与学生、素质提升与社会热点选择等多维因素进行协同，实现高校学生的知识、技能和态度三个要素的全面提高。❷ 因此，PBL 教学法是推进多维协同平台项目实施、改进高校教学过程、培养新时代所需人才的有效途径。

利用 PBL 教学法实施多维协同平台项目，基本过程包括创设问题、需要知识、主动学习、完成任务及评价反思（见图 2-4）。以问题为导向的 PBL 教学法要求：①教师根据课程结构结合社会热点创设问题；②教师帮助学生了解解决问题所需知识点；③学生结合已有知识学习新知识，在教

---

❶ 林路生，黄晓丽，邱文锋，等. 大学生多维协同学习模式的实践与思考[J]. 教育教学论坛，2016（21）：234-235.

❷ 赵斌. 国外教学新方法的创新路途[M]. 咸阳：西北农林科技大学出版社，2015：12.

师引导下形成小组进行探讨交流；④学生提出解决问题的方案进行成果展示；⑤教师对这一过程进行评价，帮助学生进行自我反思。PBL 教学法具有灵活性与多样性，兼顾协同性与开放性，赋予学生自主选择的权利，激发学生成就动机与创造潜能，充分满足学生身心健康发展的需要。

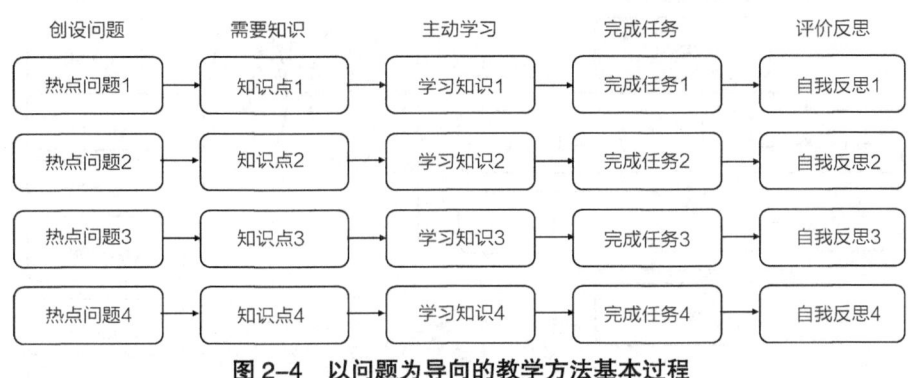

图 2-4　以问题为导向的教学方法基本过程

二、PBL 教学法的深度学习模式

PBL 教学法不仅是一种以"学生"为主体的教学方法，而且是一种以"学习者"为中心的学习方法。PBL 深度学习以"问题"为出发点，将知识进行多维组合与构建，在多维协同平台项目实施过程中促进学生深层次的学习，培养学生自主学习能力。PBL 深度学习教学模式分为设疑、解疑及质疑三个阶段，其分别对应多维协同平台项目的导入、过程、结果三个层次的深度学习过程（见图 2-5）。

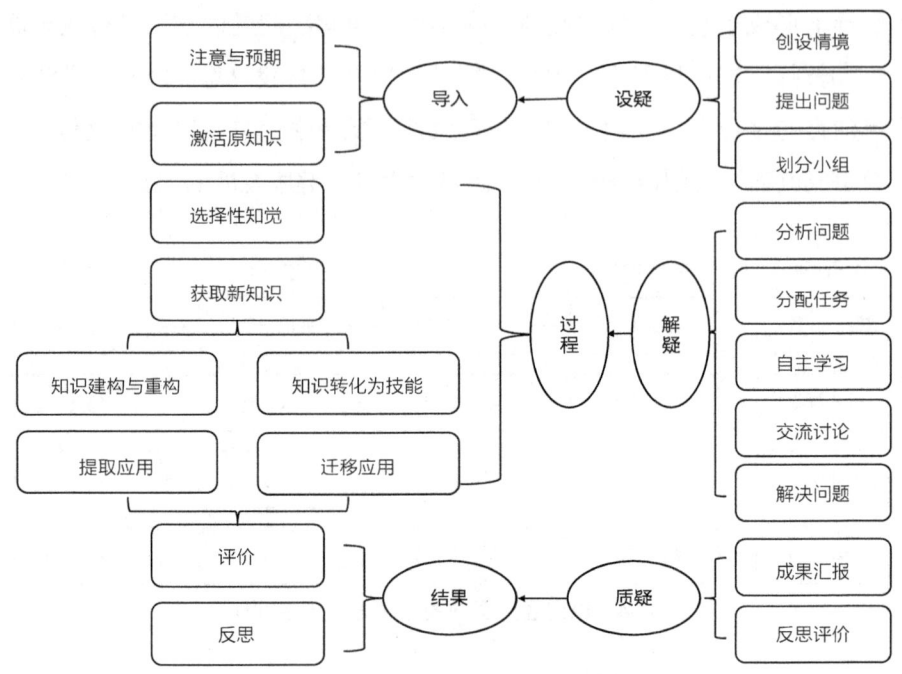

图 2-5　PBL 教学法深度学习模式

（1）设疑阶段。教师首先根据多维协同平台项目的要求，对教学内容、目标及学生特点进行分析和课前诊断；其次把教学内容的重难点浓缩到"问题"中去，创设问题，该问题不是简单的信息堆砌，而是对多维知识的整合，要吸引学生的眼球，激起学生的好奇心和寻根究底的探索精神；最后对学生进行分组，让同学们取长补短，培养团队合作意识。

（2）解疑阶段。首先小组内成员共同探讨分析多维协同平台项目中遇到的问题，提出解决问题的可行性方案；其次每个同学在老师及其他同学的帮助下自学所需知识；最后汇总各成员收集的信息和资源，提出解决问题的方案。在这一阶段教师要充分发挥"引导者""监督者""鼓励者"的作用。

（3）质疑阶段。首先，在教师的组织下各小组汇报多维协同平台项目的成果；其次，教师和其他小组人员对此进行评价；最后，学生进行自我反思。这一阶段学生发现并认识到学习过程中的不足或错误并及时改正。

三、创新创业人才的 PBL 学习方式

在多维协同平台项目中，应用 PBL 学习方法可以优化传统学习方式，在协同育人的开放体系下加强学生各方面能力与素质的培养，具体内容见表 2-1。

表 2-1　传统学习方式与 PBL 学习方式比较

特点	传统学习方式	PBL 学习方式
问题性	问题暂时吸引学生注意力	社会所关注问题，问题贯穿整个学习过程
主动性	学生被动接受知识，主动性没有有效激发	学生是整个过程主体，通过自主学习和合作学习完成任务
探究性	教师以知识传授为本位，学生只需记忆，创新空间狭小	学习活动始于"真实问题"，终于"问题解决"，学生需要挖掘问题背后的知识
开放性	时间场所固定	时间场所不固定

传统学习方式中学生学习的问题只是暂时吸引学生注意力，而 PBL 教学法是对这一弊端的有效改善，在多维协同平台项目下紧密结合社会热点提出所研究问题，问题贯穿整个学习过程。传统学习方式中学生缺乏主动性，学生被动接受教师传授的知识，使得参与课堂的质量得不到保障，学生之间缺乏有效的交流，学生主体意识得不到培养和保护。未来社会是"学习化"社会，学生的自主学习能力与学习主动性尤为重要。PBL 教学法中，学生是学习的主体，在多维协同平台项目下学生之间围绕问题相互交流、取长补短、合作共同完成任务。传统学习方式中学生缺乏探究性，教师以知识传授为本位，将知识客观化，不同知识点相互割裂，知识之间、学科之间缺乏联系，不利于学生系统地学习，教学创新空间狭小。而 PBL 教学法通过自主学习解决真实问题，挖掘问题背后的知识，这样使学生的

实践能力与创新能力都有所提高。传统学习方式中学生学习的时间场所固定，局限于课上学习，而在多维协同平台项目下的 PBL 学习方式时间场所不固定，更有助于创新创业人才的培养。

第六节　多维协同平台项目利用 PBL 教学法取得的综合成效

多维协同平台主要依托河北省高校人文社科重点研究基地——河北大学资源利用与环境保护研究中心，多维协同平台包括河北省首批新型智库——河北省生态与环境发展研究中心，河北省高校人文社会科学重点研究基地——河北大学高等教育与区域发展研究中心。多平台在项目研究中发挥着交叉作用，在分工协同时实现优势互补。

基于 PBL 教学法的多维协同平台项目实施更多强调过程，在创新创业人才培养方面师生双方均取得较大进步。学生提升了科研兴趣与能力，课堂与实践的协同加强了学生理论与实践相结合的能力，教师与学生的协同改善了学生学习效果，素质提升与社会热点选择的协同增强了学生的社会责任感；教师通过多维协同平台项目，丰富了 PBL 教学法，教学效果显著提升，同时取得丰硕科研成果。

一、学生培养成效

（1）学生的科研兴趣与能力得到了提升。基于 PBL 教学法的多维协同平台项目实施过程，既使学生的专业理论知识进一步加强，又积极鼓励学生进行实际的学术研究。学生亲自参与项目，亲身感受、体会、感悟和受到启发。让学生本人感受在实践活动中的思想、动机、行为等方面的变化，并挖掘兴趣，提升潜在能力，以此切实提高学生的科研兴趣与能力。

（2）学生理论与实践相结合的能力得到了加强。传统课堂教育在学生的个性化培养方面不具有优势并且缺乏实践教育，多维协同平台项目利用

PBL 教学法将理论教育与实践教育深度融合，涉及多维内容、多维平台，将人才的培养融入与企业、科研院所的合作中，培养具有创新能力和实践能力的复合型人才。❶ 因此，在多维协同平台项目中，随着高校以外的社会组织不断加入社会实践教育资源提供者的队伍，学生通过 PBL 教学法有了更多的渠道、更便捷的途径去接受实践教育，同时培养了学生的沟通能力和适应能力。

（3）学生学习效果得到改善。在多维协同平台项目中，参加的学生在 PBL 教学法先进理念的影响下，既改变了传统教师与学生的关系，也激发了学生的学习热情。因此，通过多维协同平台项目的参与，利用 PBL 教学法，为学生带来不同的视角和知识结构，提供了多维视角看问题的方法，使学生的思维模式与能力得到锻炼，学习效果明显改善。

（4）学生社会责任感得到增强。以多维协同平台项目为引领的创新创业人才培养体系能够快速响应市场人才需求的变化，并有组织、有规划地进行因材施教，使得教育适应社会对人才知识技能水平的实际需求。❷ 面对知识经济的快速发展，学生在项目运行中主动学习，构建了适合自身的终身学习体系。因此，通过 PBL 深度学习提升学生的职业适应能力，可以满足日后就业岗位对知识技能不断提升的需要，学生个体发展水平不断提高，社会责任感也得到了增强。

二、教师业绩成效

（1）教学效果显著提升。通过多维协同平台项目，进一步提高相关课程的教学质量，促进师德师风建设，完善教师课程教学，改变以往教师和学生的角色分工。随着 PBL 教学法的深入，教师与教师、教师与学生之间

---

❶ 赵新峰. 协同育人论 [M]. 北京：人民出版社，2015：3.
❷ 丁忠明，王建刚. 财经类院校人才培养模式改革创新 [M]. 南京：南京大学出版社，2011：1-13.

交互作用增强,促进了学科之间的交叉与融合,教师通过采用恰当的教学方法将自己的知识传授给学生,教学效果显著提升。

(2)取得丰硕的科研成果。PBL教学法在多维协同平台项目实施过程中,具有科研过程开放自由的特点,更能营造开放自由的学术氛围,科研不再处于"单打独斗"的状态,让教师和学生感受到集体归属感。与此同时强化优势学科之间的融合,鼓励开展跨学科之间的研究和合作,增强了交叉学科和新型学科的教学,科研基础支撑能力不断提高,整体科研竞争力也不断增强。

第三章　OBE 理念框架下多维协同平台项目的科研型创新人才培养

社会越来越需要具有创造精神和创新能力的高素质人才，如何培养科研型创新人才是亟待解决的关键问题。提高人才培养质量，培养具有创新意识的高素质人才成为高等教育人才培养的重要目标，然而，现行的人才培养模式越来越难以满足社会需求，优化人才培养方式需与时俱进。在 OBE 理念框架下多维协同平台培养人才具有明显优势，能够以学生为主体，充分发挥学生的积极性和主动性，培养学生的创造思维和创新能力。在 OBE 理念框架下多维协同平台培养科研型创新人才的实施过程可分为教学目标、教学内容、教学方法和教学评价，需要学校、教师和学生等各协同主体之间的共同努力。

第一节　科研型创新人才培养的发展现状

2021 年 3 月，十三届全国人大四次会议表决通过《中华人民共和国国民经济和社会发展第十四个五年规划和 2035 年远景目标纲要》。该纲要提出建设高质量教育体系，推进高层次人才培养模式改革。中国特色社会主义事业已经进入新的发展阶段，我国高等教育改革迎来了新的发展机遇，高等教育发展的方向从规模数量的扩张转为教育质量的

提升。❶

为应对未来国内需求和国际竞争中的种种问题和挑战，需强化面向应用的研究性教学，转变创新人才培养方式，将科研与教学相统一，在高校体系育人机制中扎实推动我国科研型创新人才的培养。❷然而，现有大多数高校人才培养模式存在诸多问题，如重教师教学轻学生学习、重教师灌输轻学生自主探究、重教材统一轻学生个性化发展、重知识轻能力、重结果轻过程等，这对人才培养质量的提升有很大的制约性。

科研创新能力关系着国家和民族的前途命运，是我国高等教育人才培养模式的核心。在推进培养科研型创新人才教育课程改革中，应注重以下三要素：系统性思维能力、创造性思维能力、实践能力。❸目前国内培养科研型创新人才的途径可划分为两类：一是科研创新教学课程偏向；二是科研创新活动实践。科研创新教学课程偏向以教师为主导、学生为主体，通过学科交叉融合推进学科教学思维转变，融入学科前沿，改进课程内容安排，系统性地对学科专业基础知识进行学习，在此过程中有目的导向性地培养学生的综合科研创新素养。科研创新活动实践，包含了学生与教师之间的协作、学生与学生之间的协作、学生与其他主体之间的协作，围绕实际现实活动进行一系列的考察、创造与分享等行为，是将所学知识创造性地运用于解决新的问题上，并在此过程中创造价值。❹❺

---

❶ 陈骏. 一流课堂加一流科研训练——培养拔尖创新人才的两件"利器"[J]. 中国大学教学，2017（7）：4-7.

❷ 成洪波. 论科教融合与应用型创新人才培养[J]. 高等工程教育研究，2017（4）：141-145.

❸ 尹振东，吴芝路，赵雅琴. 科研创新能力三要素及研究生创新人才培养途径[J]. 黑龙江高教研究，2014（10）：152-155.

❹ 郑春龙. 大学生创新实践能力培养研究与探索[J]. 中国大学教学，2007（12）：73-75.

❺ 陆慧娟，梁丽，龚宇平. 以大学生科研创新活动为载体培养计算机专业创新人才[J]. 中国大学教学，2011（3）：34-36.

第二节　现有科研型创新人才培养模式存在的问题

一、教学主导与教学主体之间角色错位

教学活动的参与主体是教师与学生，教师主导教学活动，学生是学习的主体。在现有人才培养模式下教师按照统一的教学大纲，辅之以简单的多媒体展示向学生灌输知识，教师是课堂的控制者，教学变成了教师的"一言堂"，学生更多是被动地接受，很少有机会参与教学活动，师生之间缺乏有效的沟通和反馈。这种传统的以教师的"教"代替学生的"学"的模式导致了教师和学生之间角色的错位。❶

二、重知识传授，轻技能训练

高校教学中不同专业有其各自的教学特点，其中很大一部分属于应用型专业，目标在于培养高素质的应用型人才。然而目前高校中普遍存在的现象是注重理论知识的传授，而没有实践技能的训练，培养出的人才和社会需求之间存在严重脱节，从而导致学生只能纸上谈兵，不能很好地适应工作岗位需求。

三、人才培养方式单一陈旧

从心理学的角度而言，人们对其感兴趣的东西理解得快，掌握得好。而现有人才培养模式下教师倾向于以讲授为主，内容千篇一律，课堂气氛沉闷，学生没有学习的兴趣，教师也逐渐失去讲课的热情。因此，学生不能很好地掌握和吸收知识，学生学习也就不能达成预期效果。

---

❶ 张旺，杜亚丽，丁薇.人才培养模式的现实反思与当代创新[J].教育研究，2015，36（1）：28-34.

四、评价体系重结果轻过程

现有人才培养评价体系是用统一的试卷考核测试学生的能力水平，而忽视了学生在学习过程中探索发现的过程性评价。这样的单一评价体系会导致学生形成为了考试而学习的错误观念，只是模仿和复制教师的思路，缺乏创新意识，难以适应科技社会的发展需要。❶

第三节 在 OBE 理念框架下多维协同平台项目科研型创新培养人才的优势

OBE 理念是一种是以预期学习产出为中心来组织、实施和评价教育的结构模式。在多维协同平台项目中引入 OBE 理念，教师首先根据多维协同平台项目制定教学目标，其次根据目标制定相应的教学内容，安排合理的教学方式，最后根据目标评价学生的完成情况，实施相应的激励等反馈机制，促进学生进一步完善学习，形成整个教学过程的良性循环。在 OBE 理念框架下多维协同平台项目培养人才具有明显的优势，能够很好地弥补现行人才培养模式存在的不足。❷

一、充分体现学生的主体地位

在 OBE 理念框架下多维协同平台项目的创新人才培养体系强调以学生为中心，学生是教学活动的主体，而教师只是教学活动的引领者。因此，教师的角色更多的是根据科研和社会需求制定教学目标，对于学生在交流辩论中存在的疑惑进行指导，引领学生进一步深入地思索和探讨。教师和

---

❶ 杨晓慧.我国高校创业教育与创新型人才培养研究［J］.中国高教研究，2015（1）：39-44.

❷ 吴秋凤，李洪侠，沈杨.基于 OBE 视角的高等工程类专业教学改革研究［J］.教育探索，2016（5）：97-100.

学生之间更多的沟通交流能够有效促进师生之间教学相长。

二、强调实践技能的训练

在 OBE 理念框架下多维协同平台项目的创新人才培养体系要求以目标为导向，培养具有实践技能的专业素质人才，注重培养学生实际发现问题、分析问题、解决问题的能力。其清晰的教学目标有助于学生了解实现目标的路径，同时可以使学生对将来职业所需具备的综合能力有所了解，有利于学生提高实践技能。❶

三、教学方法多样

根据 OBE 理念，教师不再采取传统的单一授课方式或教师提问学生作答的模式，而是让学生充分参与教学活动，进行自我展示和辩论交流，自己动手发现感兴趣的问题。在多维协同平台项目中可以采用研讨式教学和传统教学相结合，案例式教学、情景式教学等多种教学方式融合的方法，充分调动学生学习兴趣，从而有效提高学生学习效果。

四、考核评价体系多元化

在 OBE 理念框架下多维协同平台项目的创新人才培养体系不仅考核学生对知识的掌握情况，更是以目标为导向，检验学生是否完成了预期的目标或要求，是否具备了从事科研或胜任某一专门工作岗位的能力，不仅注重书本知识的考查，也更多地考查了学生的综合能力和素质。因此，采取平时成绩和期末成绩相结合的考核方式，更注重学生平时的课堂表现及思维创新能力，鼓励学生发散性思维。

---

❶ 付瑞红，何强. 基于 OBE 理念的教学科研一体化探索与实践［J］. 教学研究，2017，40（3）：28-33.

第四节　OBE 理念的科研型创新人才培养思路

20 世纪 70 年代，在基础教育领域为促进实现关键性学习成果的转化而产生了 OBE，OBE 以明确的学习成果导向区别于传统教育模式。❶ 到 21 世纪，随着在教学中的突出表现，OBE 逐渐从基础教育领域扩展到其他教育领域中。其理念内涵主要有"以学生为中心"、成果导向、持续改进。❷ "以学生为中心"于 20 世纪 50 年代由美国心理学家卡尔·R.罗杰斯（Carl R. Rogers）❸ 提出，后随着教育模式的改革，"以学生为中心"逐渐成为各界教育人士的共识并广为应用。❹ 成果导向理论于 1994 年斯派迪（Spady）所著书中被明确定义为围绕学生接受教育后取得的学习成果组织设计教学活动。❺ 作为质量管理理论的精髓之一的持续改进思想，已经被广泛应用于众多行业、学科领域中。❻

OBE 理念的科研型创新人才培养思路框架如图 3-1 所示。在 OBE 理念框架下，以预期学习成果为起点，围绕预期学习成果进行学科专业的教学课程设计和实施教学活动，并对产出的学习成果进行动态评价考核，同时将学习成果反馈到起点和实施过程中，确保整个教学活动取得预期结

---

❶ 周显鹏，俞佳君，黄翠萍. 成果导向教育的理论渊源与发展应用［J］. 高教发展与评估，2021，37（3）：83-90，113.

❷ 张男星，张炼，王新凤，等. 理解 OBE：起源、核心与实践边界——兼议专业教育的范式转变［J］. 高等工程教育研究，2020（3）：109-115.

❸ Carl R.Rogers（1902-1987），美国著名心理学家，人本主义心理学代表人物之一，开辟了"以当事人为中心"的心理治疗新方法，被称为人本主义之父。

❹ 李嘉曾."以学生为中心"教育理念的理论意义与实践启示［J］. 中国大学教学，2008（4）：54-56.

❺ Spady W G.Outcome—Based Education：Critical Issues and Answers［M］. Arlington，VA：American Association of School Administrators.1994.

❻ 李璐岚."持续改进"思想在大学教学质量管理中的运用［J］. 高等理科教育，2004（6）：103-105，91.

果。❶ 因此，在成果导向教学过程中以学生为本，为取得预期学习成果，学生需主动地利用可利用的教学资源进行学习思考，形成批判性思维，培养科研、创新能力。❷

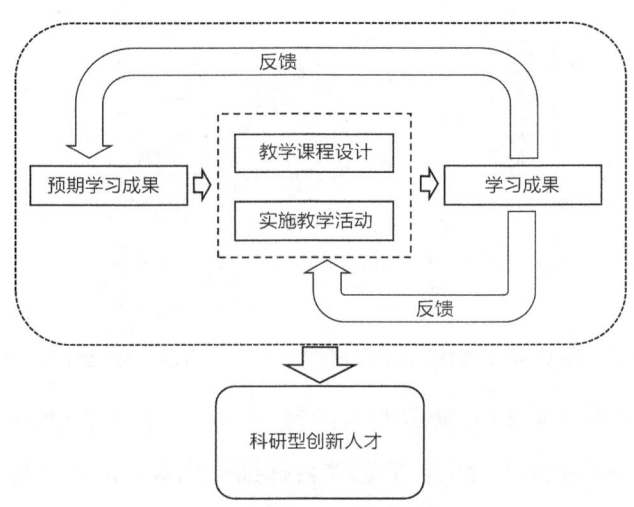

图 3-1　成果导向教育框架结构

第五节　在 OBE 理念框架下多维协同平台项目的科研型创新人才培养实施过程

新常态背景下，高校需要改革传统的人才培养模式，更加注重学生自主的探究和创新能力。在 OBE 理念框架下多维协同平台项目的人才培养模式如图 3-2 所示，可概括为四个主要步骤：教学目标、教学内容、教学方

---

❶ 杨慧，闫兆进，慈慧，等.OBE 驱动的工程教育课程教学创新设计［J］.高等工程教育研究，2022（2）：150-154.

❷ 顾佩华，胡文龙，林鹏，等.基于"学习产出"（OBE）的工程教育模式——汕头大学的实践与探索［J］.高等工程教育研究，2014（1）：27-37.

法、教学评价。❶

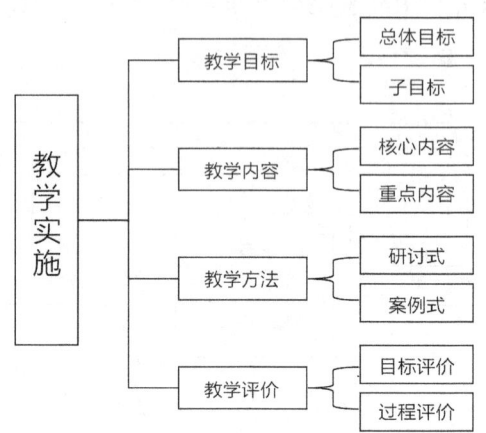

图 3-2 在 OBE 理念框架下多维协同平台项目的人才培养实施过程

（1）确定教学目标。确定明确的教学目标是整个教学过程成功的基础。首先将多维协同平台项目的总体目标细化成众多的子目标，根据子目标制定教学目标，明确科研中面临的问题、需要的理论知识等具体教学内容。一方面，学生可以明确知道自己学习的知识主要解决的问题，促进学生更加独立思考；另一方面，教师可以在制定目标的过程中重新整理科研思路，启发思考，产生新的灵感。

（2）根据目标需求反向设计教学内容。教师基于 OBE 理念，在教学内容中明确每一章节的核心问题、重点问题。结合学生之前的学习内容，逐步引导学生建立学习网络结构，形成前后联系、相互统一的知识架构，避免学生形成"只见树木不见森林"的误区。

（3）根据目标需求采取多样化教学方法。恰当的教学方法能起到事半功倍的效果。教师根据教学目标合理地运用不同的教学方法，将传统讲课方式和研讨式教学、案例式教学、情境式教学等相结合，最大限度地激发

---

❶ 吴宜灿.基于团队多维协同的创新型人才培养实践与思考[J].研究生教育研究，2017（2）：35-39.

学生的好奇心和求知欲，鼓励学生参与课堂，积极思考。同时多样化的教学方式能够保持学生的新鲜感，使学生保持对学习的兴趣，更加自主地探究发现问题，培养学生的创新思维和创造能力。

（4）根据目标需求形成层次化的评价结果。在 OBE 理念框架下多维协同平台项目的人才培养体系必须要有相应的评价反馈机制，或是表扬激励进步优秀的学生，或是督促有所懈怠的学生，这样才能形成良好的循环机制，鼓励学生们持续不断地学习进步。❶

根据多维协同平台项目目标需求形成层次化的 OBE 理念评价结果，不同于以往传统的单一考核评价体制，而是根据目标分别评价学生的综合结果。根据教师的科研要求、学生自身的目标需求，结合课程的考核要求，可以设计三个评价等级，分别对应优秀、良好、一般。完成最低要求的学生成绩为一般；完成必做题目之后能够有所思考，并提出自己的问题和观点的学生，成绩为良好；能够自主高效完成教师任务，发现该课题中的问题，并且积极主动地寻找办法解决实际问题的学生，成绩为优秀。与此同时，OBE 理念评价应根据目标需求完成情况进行及时反馈和调整，引进学生之间的相互评价。一方面，可以使学生充当评委的角色，增强其自信心和自我效能感，促进其更加热情地投入到课堂上；另一方面，有利于促进学生发现自身在学习和研究过程中存在的问题，自觉地改进和弥补自身的不足之处。

第六节 在 OBE 框架下多维协同平台项目培养人才的具体应用

一、学校层面

第一，简政放权，营造以学术自由为核心的创新氛围。自由的学术氛

---

❶ 王伟芳.学习成果导向的多维协同教学模式探索与实践[J].中国大学教学，2017（5）：74—77.

围是激励师生进行创新的重要保障，学校应当留给学生和教师更多自由空间，鼓励师生在多维协同平台下进行创新活动。其一，学校应当去除不利于创新人才培养的制度设计，简政放权，鼓励师生在自由包容的环境下利用多维协同平台项目开展创新活动。其二，鼓励师生积极地参与学校的学术科研创新活动，给予师生充分的信任，最大限度发挥教师和学生的创造力，树立主人翁意识，使创新的观念在校园里深入人心，形成以学术科研为核心的创新文化。

第二，完善教师考核评价体系。其一，在OBE理念框架下多维协同平台项目培养人才需要教师在提升课堂质量方面投入更多精力，注重教学内容的实时更新，向学生传递学科前沿和专业最新动态，要求教师在备课、课堂讲授及课后检查方面投入更多时间。因此，在教师的考核评价体系中应适当增加教师教学质量权重，鼓励教师提升课堂质量，创新课堂活动。其二，教师考核要避免过度量化。现行的教师考核评价体系主要考查教师论文发表数量、课题数量等具体量化指标，但是单纯的数字并不能全面代表教师的工作质量，过度强调量化指标，会导致部分教师急功近利，违背教学的客观事实性，造成教育资源的浪费。因此要针对不同学科的教学特点实行定性和定量相结合的考核评价体系。其三，对教师的评价要灵活，不能采用"一刀切"的办法。应该以多维协同为目标，促进不同类型的人员流动，引入竞争机制，优胜劣汰，激发教师团队的创新热情和创新活力。

第三，建立健全创新激励体系。良好的创新激励体系是保证创新活动持续进行的不竭动力。在多维协同平台下鼓励师生进行创新活动需要相配套的激励体系。其一，针对教师应给予更多自由空间，让其充分发挥想象力和创造力，给予相应的科研经费支持，给其物质保证，让教师没有后顾之忧地全身心投入科研创新当中，同时对作出重大成就和发表高端论文的教师给予相应的物质奖励及职位晋升等。其二，针对创新能力强的学生，高校应制定给予奖学金、保送、荣誉称号等相应的奖励措施，鼓励大学生积极开展创新活动。但是更重要的是使各协同主体意识到协同创新的重要性，产生推动社会发展的责任感和使命感，自觉进行创新活动，这种内生动力是高校更需注重引导和培养的。

二、教师层面

第一，提升教学能力。在 OBE 理念下多维协同平台培养人才要求教师提高课堂质量，作教学活动的引领者，激发学生学习兴趣，鼓励学生进行创新活动，而不是单纯地向学生传授灌输知识，这就对教师的教学能力提出了更高的要求。首先，教师要做好课前的准备工作，充分的备课是教师能有效把握课堂的必要条件。其次，教师要有自主提高教学水平的意识，观摩学习优质课堂的教学方法，及时总结经验并运用到自己平时的授课当中。最后，经常总结反思课堂中存在的问题与不足，多和学生之间进行沟通反馈，及时调整。

第二，夯实专业知识。在 OBE 理念框架下多维协同平台培养人才要求教师必须具备扎实的专业知识，只有具备过硬的专业基础，教师才能向学生源源不断地输送最新的知识，引领学生进一步思考和探索。因此，随着经济社会的不断发展，教师也应该树立终身学习的意识，不断探索吸收新的知识，进一步完善自己的知识体系。

第三，加强科研能力。多维协同创新平台人才的培养离不开教师的科研能力，以教师的科研水平带动学生的科研能力，形成以科研学术为核心的创新文化。其一，整合科研资源，强化团队建设。高校教师科研能力的提高离不开丰富的科研资源和稳定的科研团队，教师要充分发挥自身的知识资源、人才储备等优势，整合现有的科研资源，在多维协同平台下进行科研创新活动。其二，要加快科研教师的队伍建设，建设一支数量充足、结构合理、素质较强的科研型创新团队。

三、学生层面

第一，树立创新意识。在 OBE 理念框架下多维协同培养人才要求学生必须具备创造性意识和创新性思维。其一，学生在日常学习过程中要持有怀疑的态度和批判性思维，针对同一个问题可以从多方面思考。其二，学生应当积极参与有关创新能力培养的社团活动，在活动中提升团队交流与合作的能力，拓展发散性思维，自觉树立创新意识。

第二，夯实专业基础。扎实的专业基础是进行一切创新活动的前提，学生只有在学习好专业知识的基础上才能进行创造性加工，提出有意义的问题和想法，并积极主动地探究解决问题的思路和途径，从而提高学生实际解决问题的能力。

综上所述，在 OBE 理念框架下实施多维协同平台科研型创新人才培养需要学校、教师和学生等主体之间的协同努力。其具体应用对学校、教师及学生层面都有不同的要求，在具体实施中针对各层面其对应的举措也将不同。梳理总结在 OBE 框架下多维协同平台培养人才的具体应用，简化概括学校、教师和学生各层面措施如图 3-3 所示。

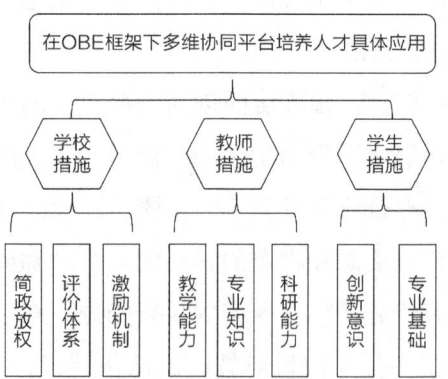

图 3-3 在 OBE 框架下多维协同平台培养人才的具体应用

第四章　本硕博贯通的创新人才培养

新文科建设是深化我国文科教育改革过程中的新机遇，为我国经济学类本硕博贯通人才培养提供了新思路。本章从本硕博贯通人才培养的新探索与实践演进分析入手，揭示新文科背景下经济学类本硕博贯通人才培养在横向拓展连贯性、横向制度障碍、横向课程资源开发等方面的现实困境。为化解新时代本硕博贯通人才培养困境，以核心能力框架为目标，完善本硕博学科资源配置，制定学科融合激励政策，探索本硕博一体化大平台建设，统筹课程发展，实现经济学类本硕博贯通培养的纵向与横向统一发展，准确响应时代变化，推动创新学术研究，培养高质量复合型拔尖人才。

第一节　经济学类本硕博贯通人才培养的政策演进

习近平总书记强调，要用好学科交叉融合的"催化剂"，加强基础学科培养能力，打破学科专业壁垒，对现有学科专业体系进行调整升级，瞄准科技前沿和关键领域，推进新工科、新医科、新农科、新文科建设，加快培养紧缺人才。"六卓越一拔尖"计划2.0提出推动文科与新科技革命交叉融合，培养新时代复合型人才。新文科倡导的"建设学科融合新方向、探索人才培养新模式"为经济学类人才培养提供了新思路，然而当前经济学类本硕博贯通人才培养体系中主要强调纵向上硬性知识储备和技能培养，尚未实现新文科要求的横向上多学科知识的交叉融合，亟须探索纵向

与横向统一发展的全新培养模式。❶

国务院办公厅发布的《加快推进教育现代化实施方案（2018—2022年）》（见图4-1）指出要打破学科壁垒，优化培养方案，探索跨学科培养模式和评价模式，建立复合型人才培养新机制。在新文科背景下各高校对创新型人才培养进行全新探索，积极开展本硕博贯通人才培养，系统整合本科、硕士研究生、博士研究生三个培养阶段，凭借连贯性和长周期特征优化拔尖创新人才培养模式，成为研究生教育改革的重要实践。❷

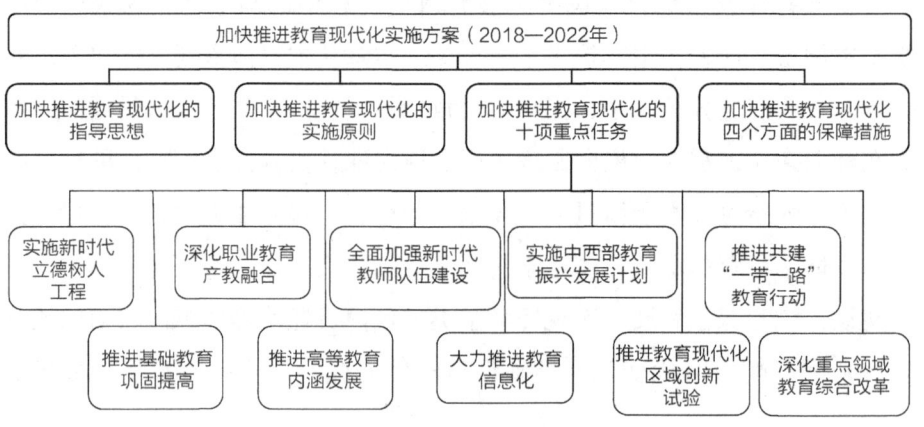

图4-1　加快推进教育现代化实施方案（2018—2022年）

同时，着眼于我国教育事业的长远发展，聚焦于目前我国教育育人体系的突出问题和薄弱环节，国务院办公厅印发了《中国教育现代化2035》（见图4-2），明确了在党的全面领导下通过完善落实支撑体制、机制等措施保障培养高质量人才、建设一流高校等战略任务的实现。因此，在此背景下，诸多高等院校纷纷作出了创新性探索，通过理论研究和实践探索改

---

❶ 马廷奇. 交叉学科建设与拔尖创新人才培养［J］. 高等教育研究，2011，32（6）：73-77.
❷ 张莉. 本、硕、博贯通式人才培养模式的利弊分析及对策研究［J］. 学位与研究生教育，2015（6）：13-16.

进完善本硕博贯通人才培养模式。❶

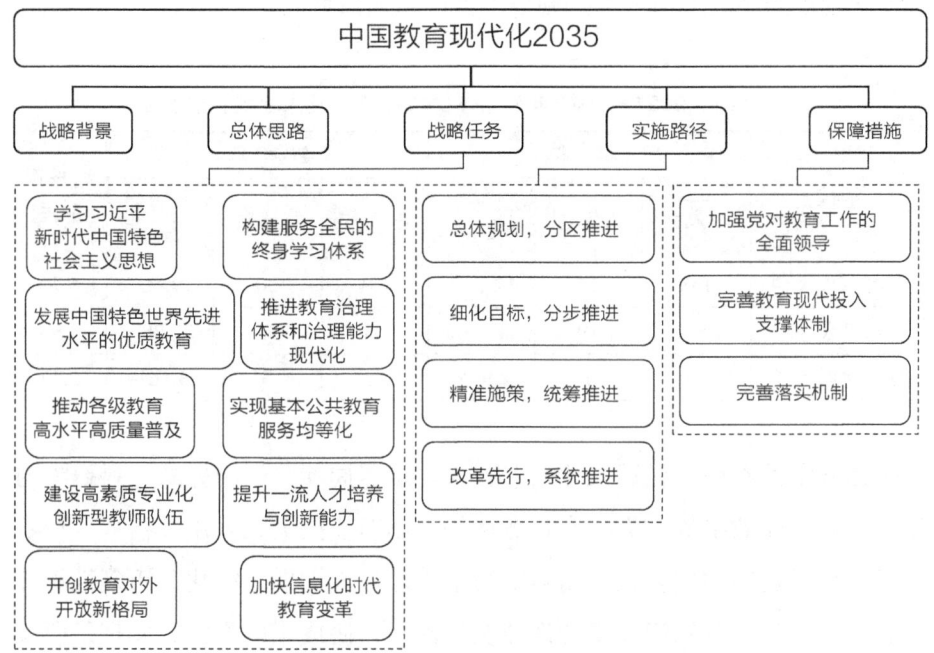

图 4-2　中国教育现代化 2035

第二节　经济学类本硕博贯通人才培养的新探索

本硕博贯通培养成为新时代人才培养的新探索，从发展趋势和发展速度来看，近年来经济学类贯通人才培养呈快速上升发展态势，见表 4-1。高校正在积极探索贯通人才培养，2022 年经济学类本硕博贯通人才培养中计划招录的直博生比例比上年有所增加。其中 2021 年、2022 年两年北京大学经济学院直博生比例均超过 20%，并且该比例有进一步扩大的趋势；2022 年中国人民大学经济学院与应用经济学院计划招录直博生推免比例达

---

❶　袁凯，姜兆亮，刘传勇 . 新时代新需求新文科——山东大学新文科建设探索与实践 [J].
中国大学教学，2020（7）：67-70，83.

到 19.48%，较 2021 年增长 6.7 个百分点。由此可见，本硕博贯通人才培养已逐渐成为培养经济学类创新型人才的重要途径。

表 4-1　2021—2022 年经济学类本硕博贯通人才培养情况

学校	2021 年			2022 年			增长百分点
	总人数	直博生	直博生占比	总人数	直博生	直博生占比	
中国人民大学	133	17	12.78%	154	30	19.48%	6.70
北京大学	85	19	22.35%	85	22	25.88%	3.53
西南财经大学	34	1	2.94%	53	3	5.66%	2.72

经济学类本硕博贯通人才培养在人才培养周期、学习方式、科研参与度、人才培养效率等方面具有显著优势，创新了拔尖人才培养模式。经济学类本硕博贯通的创新人才培养缩短了人才培养周期，简化了重复性培养过程，有利于完备知识体系的形成及高水平科研成果的产出，实现了研究生培养质量和效率的双重提升。尤其是，经济学类本硕博贯通培养可以建立长周期的学术规划，保证科研的持续性和专一性，深度参与重大科研项目，形成持续深度知识学习和丰富高水平科技产出的良性循环，进而提高创新人才培养质量。

第三节　经济学类本硕博贯通人才培养的现实困境

经济学类本硕博贯通人才培养建设是创新型人才培养的新发展路径，然而在新文科背景下更加强调交叉学科融合发展，而经济学类本硕博贯通人才培养更加重视纵向与横向统一发展，其建设中存在着组织结构、学科壁垒和操作机制等方面的限制和挑战，如交叉学科横向拓展割裂、育人机制不健全、课程资源匮乏等。

一、本硕博贯通人才培养的横向拓展相互割裂、缺乏连贯性,限制经济学科创新发展

新文科对经济学类人才培养提出了更高要求,然而当前经济学类本硕博贯通人才培养并未建立起与其他学科尤其是理工学科的交叉融合横向培养机制,横向拓展相互割裂。在原有培养目标下主要强调细分专业上的纵向发展,专业领域相对受限,专业知识严重同质化,培养环境相对封闭,发展路径单一,缺少审视不同类型问题的机会,亟须建立多层次、多形态、多节点的新知识生产模式,从而培养学生跨领域的知识融通能力和实践能力。

在原有的本硕博人才培养体系中,跨学科的横向发展缺乏连贯性,缺少横向交叉学科培养方案的细化,分散独立的交叉学科课程体系导致难以建立系统的横向思维体系。现阶段经济学类本硕博贯通培养仍然存在过度纵向发展的问题,学生各阶段的跨学科学习不够平顺,很难达到新文科的复合人才培养目标要求。尚未充分重视高度分化又高度综合的科技创新发展趋势,课程缺乏连贯性和系统性,失去直面大数据技术挑战的机会,难以发挥经济学类融入理工要素的交叉学科优势,限制经济学科创新发展。在本硕博贯通人才培养过程中单学科人才培养惯性较大,教学内容和课程设置更新不及时,过分强调学科边界,忽视学科之间联系,难以打破学科壁垒,很难转化为交叉学科创新人才培养资源。

二、本硕博人才培养存在横向制度障碍,制约经济学类交叉学科发展和资源流动

新文科背景下本硕博贯通人才培养强调经济学科与其他学科的交叉融合,通常面临着跨学科跨学院的横向制度障碍,制约经济学类交叉学科发展和资源流动。

经济学科与其他学科尤其是理工学科之间存在学科壁垒,跨专业跨学

科跨学院的制度建设存在障碍，教学资源配置存在限制。除实验室、数据库外其他教学资源也没有实现动态管理和有效利用，给经济学类贯通人才培养带来制度障碍。此外，经济学科与其他学科隶属于不同学院，制度存在差异，导致学科课程体系封闭，选修课程不够广泛，跨学科学术交流不畅通，科研活动和学科竞赛互动较少，缺少学院之间的平台交流，导致贯通人才培养在横向发展上存在局限。

三、横向的学科交融课程资源较少，前沿性不足，阻碍经济学类本硕博贯通人才培养的思维拓展和实践创新

横向的学科交融课程资源较少，难以达到新文科复合型人才发展目标。原有经济学类本硕博贯通培养注重学生的纵向发展，开放性不够，培养环境相对封闭。❶经济学类本硕博贯通培养课程体系前沿性、国际性、融合性不足，学科融合的重视程度不高，导致学院之间配合度不高，课源供给相对局限。部分院系之间开展跨专业选修课程，但出现学分认定流程复杂、互认政策不完善等问题，影响了学生跨学科学习的积极性。

第四节　新文科背景下经济学类
本硕博贯通人才培养的路径优化

新文科背景下经济学类人才教育以培养"自由而全面发展的人"为使命，以"新发展阶段、新发展理念、新发展格局"为指引，构建具有中国特色的经济学交叉复合型人才体系。针对经济学类本硕博贯通培养的现实困境，亟须在新文科背景下推进交叉学科融合、守正创新，主动把握高等教育的新形势，加强统筹，注重落实。因此，基于经济学类纵向与横向统

---

❶ 熊玲，李忠．本—硕—博贯通的创新人才培养模式探究[J]．学位与研究生教育，2012（1）：11-15．

一发展人才培养的核心能力框架，树立统一育人目标，从学科配置角度出发推动大科学时代"交叉"的深度发展，加强本硕博贯通培养过程中外部环境的管理，完善利益分配政策和激励政策，以长远的配套机制支撑经济学类本硕博贯通培养的顺利实施，从而实现高质量育人目标。新文科背景下经济学类本硕博贯通人才培养的路径可简要归纳为图4-3。

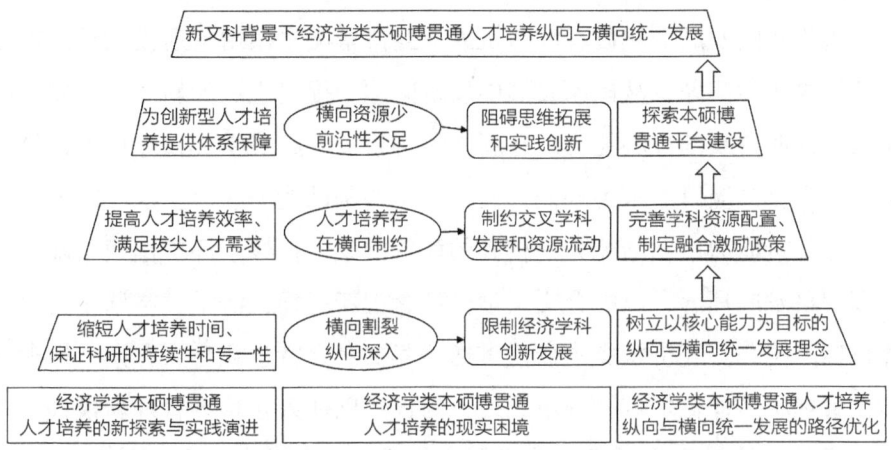

图4-3 新文科背景下经济学类本硕博贯通人才培养的路径

一、以新文科人才核心能力为目标，树立横向和纵向统一发展理念，实现经济学类本硕博贯通的高质量人才培养

在经济学类本硕博贯通培养过程中，在专业深入发展的基础上，经济学科与其他学科共同打造协同育人目标，优化培养过程。以新时代背景下经济学核心能力框架为培养目标，推动经济学人才的本硕博贯通培养要加强系统内部的协调性与外部环境的适应性。系统内部的协调性体现在统一新文科背景下横向人才培养的概念框架，要求拓宽人才培养的学术空间，加强文理交叉融合；外部环境的适应性表现在新文科背景下人才培养要符合发展的背景和时代的需求，经济学类人才培养要加强科技赋能和理工要素融入，实现经济学与理工科的深度融合，形成厚基础和宽口径的知识体

系，进而实现纵向与横向统一发展的高质量人才培养。❶

树立纵向与横向统一发展的经济学人才理念，扩展经济学研究的深入性和交叉性，重点培养交叉学科竞争力。其中，本硕博贯通人才培养的横向发展不仅仅是学科的简单叠加，更应该是深度交叉、融会贯通后对知识的新认识，是更具创新性的培养。树立"经邦济世、学为所用"的育人原则，新文科作为我国人文社会科学的创新发展，应以国家发展为研究起点，培养我国发展的建设者和接班人。经济学类本硕博贯通模式重点培养能够解决实际问题，从国家发展中发现问题、提出想法的新时代人才，提高人才横向发展的核心能力。在新文科背景下，经济学类人才培养评价标准发生变化，应以需求为导向，构建以学科基础能力、自主学习能力、前沿问题分析能力、创新能力为核心的评价框架。在核心评价框架基础上综合多学科发展理念，以综合交叉学科理念创新引领经济学类本硕博贯通培养目标的统一。经济学类本硕博贯通培养要制定特色化育人方案，探索一体化管理、多样化培养、开放式运行的拔尖创新人才培养管理新模式。注重知识的系统性和完整性，为经济学类学生提供有针对性的交叉学科训练，以完整的知识链条和规范的科研训练为标准，打破分层分级单一学科培养局限，将培养目标贯穿整个培养过程，探索一体化管理模式。因此，加强经济学类学科建设和专业建设，实现纵向递进、横向融合的全方位发展，充分发挥第二课堂优势，可以在国际贸易、金融等经济知识体系中融入数学、信息技术等理工科要素，拓宽学生知识结构，建成多样化、开放式育人机制。

以多学院统一育人理念，统筹核心培养目标，创新科研水平，实现本硕博贯通培养的纵向和横向统一发展，进而充分发挥经济学类本硕博贯通培养优势。构建动态的经济学类本硕博贯通人才培养模式，适应学科

---

❶ Clair R S, Hutto T, Macbeth C, et al. The "New Normal": adapting doctoral trainee career preparation for broad career paths in science [J]. PloS One, 2017, 12（5）: 1-19.

发展和国家战略需求。在经济学类本硕博贯通人才培养过程中，可以以数学、计算机科学、生物学、化学等理工学科要素来拓展培养发散思维，以金融数据挖掘、机器学习、神经网络、基因经济学等衍生交叉学科为中介对前沿方向进行探索创新，克服传统学科壁垒，拓展贯通人才培养的知识宽度。

二、完善本硕博的学科资源配置，制定学科融合激励政策，化解经济学人才培养的横向制约

新文科背景下，科学合理的学术资源配置机制有利于经济学类本硕博贯通培养过程中的横向拓展和科学创新。经济学类本硕博学科资源配置的优化主要体现在各阶段资源衔接、交叉融合学科资源共享、资源配置方案创新三个方面。经济学类本硕博贯通人才培养存在各阶段衔接不够平顺的问题，应从学科资源角度出发，按照人才培养方案设计本硕博贯通培养的配套学科资源，以资源带动学科门类产出，为人才培养提供基础保障。因此，可以对经济学类学生开放大数据、人工智能设计、云计算等项目中心和实验室，且贯穿本硕博整个培养过程。交叉融合学科资源共享，促进各学科的学术交流，不断丰富思维方式，持续拓展研究视野，催生经济学类人才的原创性发展动力。创新资源配置方案，保证本硕博资源平顺衔接，化解经济学人才培养的横向制约，促进经济学类本硕博贯通人才培养的高质量发展。

利用顶层设计和体制创新激发人才培养的创新活力，以实际行动和融合激励政策保障经济学类本硕博贯通人才培养的纵向与横向统一发展。在人才培养过程中政策制度发挥着至关重要的作用，当前我国学科建设体系的评价激励政策并未充分发挥作用，在本硕博贯通培养过程中交叉学科的横向操作层面存在障碍，交叉学科人才队伍建设的内生动力不足，交叉学科带头人和领军人才极度缺乏，完善利益分配制度和激励政策对横向制约的化解至关重要。因此，要深刻认识经济学类与其他学科融合的复杂性，建立客观公正的学科评价体系，以学科融合贡献度、学科创新、成果质量和原创价值作为评价重点，营造尊重差异、开放包容的经济学类本硕博贯通的全新人才培养共同体。❶❷

新文科背景下，经济学类本硕博贯通人才培养应建立一套完整的交叉学科教学人才队伍建设保障政策。以合理的收入分配制度和激励政策保障本硕博贯通培养中横向拓展的顺利实施，激发本硕博贯通培养纵向与横向统一发展活力。引进具有国际前沿视角、交叉学科背景的青年导师，不断强化贯通人才培养的导师队伍，推动经济学人才纵向与横向统一发展。❸对具有相对丰富专业背景的青年教师进行更为系统的培训，建立专业教师的多元补充机制，重视多学科、宽视野人才的引进与培养。落实兼职教授、双聘教授制度，保证交叉学科教学的积极性，切实保证教学与科研的创新活力。

三、探索本硕博一体化的大平台建设，统筹课程贯通发展，构建纵向与横向统一发展的经济学人才知识体系

利用公开透明的合作交流平台实现课程、资源等的动态更新和持续开发，打破本硕博贯通培养过程中横向发展的资源制约，为实现纵向发展与横向拓展的统一奠定基础。在专业实践和科研创新上，搭建跨专业跨学科的综合实验室，形成从专业实践到科技实践最后实现技术攻关的全链条培养环境。例如，经济学类与计算机科学、人工智能、应用数学等学科搭建本硕博一体化"经济学＋数据科学"大平台，以经济学与理工学科融合为发展理念，以经济学科与各领域人才之间的交流合作为目标，兼顾学科前

---

❶ 李德方. "新师范"的时代意蕴、现实困境与实践路径［J］. 江苏高教，2021（4）：6-12.

❷ 牛风蕊，张紫薇."双一流"建设背景下的博士生教育质量——多维评价、互构逻辑与动力机制［J］. 研究生教育研究，2021（2）：75-81.

❸ 黄明福，王军政，肖文英. 新工科背景下"本硕博一体化"培养模式研究［J］. 北京理工大学学报（社会科学版），2019，21（6）：171-176.

沿性和交叉性。

经济学类本硕博贯通人才培养通过在平台建设基础上开发融入其他学科的课程体系，树立经济学类复合型人才培养目标，实现学分互认、资源互享。经济学类本硕博贯通培养不仅仅是纵向发展的延伸，更是多学科的横向拓展，打破学科障碍，以大数据平台优化经济学类教学资源的共建共享模式，为培养复合型人才奠定现实基础。新文科背景下经济学人才兼具专业的经济学理论和理工学科思维，因此应加强院际合作，共同开发经济学类本硕博贯通培养课程，开设实践教学课程，打造交叉融合的学科优势。以学科融合的方式培养学生横向思维，以经济学视角为出发点，融合多学科思维进行探索创新。加强院际课程管理，建设经济学与其他学科学分互认、资源互享的学研中心。

经济学类本硕博贯通培养课程的统筹发展结合高校自身实力和学科优势制定贯通培养的课程体系，注重基础发展和国家需求，以优势学科作为建设和改革重点，突出交叉融合学科对本硕博贯通人才培养的重要作用。加强交叉学科的课程设计，兼顾横向通识教育和纵向专业教育，注重基础知识培养。注重通识教育与专业教育、基础性与应用性、本土化与国际化的有机结合，形成关注现实、面向未来的经济学教学体系。坚持人才培养新理念，探索自主式、启发式、兴趣式、推理式、探索式、交流式、创新式等教育模式。

经济学类本硕博贯通人才培养可以注重与数字经济、人工智能、大数据、区块链等学科技术的联系与理解，强化实践能力，实现交叉融合的科研培养，在经济学科纵向深入发展的基础上融入大数据、区块链、人工智能等理工学科要素，树立理工学科思维，充分利用理工学科实验资源，加强实践培养、科研创新。因此，在教学上积极探索开发"计算机科学—应用数学—经济学"培养模式，将其融入经济学类知识图谱，可以加强博士研究生学术能力和跨学科融合创新能力培养，实现纵向渐进和横向拓展的统一发展，满足社会经济发展对创新型、复合型人才的需求。

在经济学类本硕博贯通人才培养过程中，以导师组资源优势推动搭建经济学与其他学科合作平台，优化培养环境。打造多学科导师组，以导师组形式共同指导学生。构建大数据实践创新平台，促进跨学校跨专业的资源动态更新和持续开发，优化经济学类资源的共建共享模式，增强学科交流，从而拓展学生发展空间和学术空间，培养发散学术思维，推动经济学类本硕博贯通人才培养的纵向与横向统一发展。

第五节　新文科背景下经济学类本硕博贯通人才培养的对策建议

2022年5月，教育部召开系列发布会明确表示，我国建成世界最大规模高等教育体系，高等教育由大众化进入普及化发展阶段。党的十八大以来，我国高等教育不断探索建立适应于国情且具有中国特色的教育体系，高校通过培养创新人才服务于中国特色社会主义事业，承担了我国六成以上的基础研究工作。本科教育是中国高等教育的主体，研究生教育是中国科技自主自强的重要动力。通过大力推进新文科建设打造创新人才培养新平台，实践探索经济学类本硕博贯通培养，将有助于在新文科背景下培养高质量创新人才，增强育人体系对社会需求新变化的适应度。基于此，综合前文所述，本节重点从管理、课程框架、教学手段三方面探索新文科背景下经济学类本硕博贯通人才培养的对策建议。

一是从育人单位管理角度出发，做好本硕博贯通人才培养各阶段管理工作衔接，本硕博贯通人才培养需要多部门协同配合、达成共识、制定保障机制。❶做好本硕博贯通人才培养各阶段管理工作衔接，要求各部门的工作安排在整体上有一致性、局部上有针对性、工作交接上有连续性，做

---

❶ 张莉.本、硕、博贯通式人才培养模式的利弊分析及对策研究［J］.学位与研究生教育，2015（6）：13–16.

到围绕一条主线，协同配合、各司其职。首先是分管本科教育与研究生教育的学院部门达成一致管理共识，做好学科专业人才培养发展规划；其次是职能部门在基础共识上确定本硕博贯通人才培养各阶段基本要求规范与管理办法；再次是培养单位根据实际教学条件等客观细节因素制订具体教学活动计划，落实人才培养安排；最后是对现有管理模式的动态性评估、阶段性反馈调整，完善本硕博贯通人才培养管理模式。

二是在新文科背景下经济学类本硕博贯通人才培养的课程体系，可从学科交叉融合入手应对社会需求新变化，要求既要注重传统经典基础理论，又要抓住学科专业前沿。新文科背景下，根据新技术、新变化、新发展，合理增加学科专业课程范围，设置学科交叉融合课程。例如，随着互联网的普及应用，人类经济活动越来越数据化，面对这一社会新变化，经济学类课程框架建设不可避免地应该增加大数据、互联网类学科专业的课程安排，旨在通过学科交叉融合与时俱进培养符合新发展阶段的创新型人才。新文科的内涵要求培养经济学类本硕博贯通人才的课程体系在夯实传统理论基础之上，创新性地抓住学科专业的前沿发展和关键问题，同时要注重本硕博课程贯通的衔接与递进。❶ 由此，要构建一个学科交叉融合、由浅入深的本硕博贯通人才培养的课程体系❷，达到培养出与社会需求适配度高的创新型人才的目的。

三是在新文科背景下培养经济学类本硕博贯通人才需要引入科学先进的教学手段或改进传统教学手段。新文科背景下培养经济学类本硕博贯通人才更应该注重培养人才的创新能力，然而传统的填鸭式教学手段已经不能满足该需求，因此，积极探索新的教学方法才能更好地适应人才培养的需求。多方吸收借鉴国内外优秀教学方法手段，根据实际情况进行符合学

---

❶ 贾海蓉，张雪英，李鸿燕."本硕博"贯通人才培养模式的系统思考——以语音信号处理系列课程的一体化改革为例[J].系统科学学报，2019，27（4）：45-50.

❷ 吴静怡，奚立峰，杜朋林，等.本硕博课程贯通与交叉人才培养[J].高等工程教育研究，2015（3）：94-101，107.

科专业特色的改进融合。注重推进教学手段的革新，积极探索如Seminar教学法、PBL教学法、OBE教学法等优秀教学方法进行中国特色改进，融入经济学类课程教学中，转变学习主体（由教师转变为学生），激发学生学习的主动性、积极性，培养学生独立思考能力，培养学生团队协作能力，培养学生批判性思维和创新意识。同时，还可以积极借助已有技术和资源建设经济学类本硕博贯通创新人才培养平台，丰富教学手段。

第五章 基于 Seminar 教学模式的
创新人才课程教学研究与实践

近些年来，经济类专业受到广泛关注，尤其是金融学、统计学等专业一度成为高校热门专业，据悉开设经济类专业的高校约有 400 所。然而，经济类课程教学中却存在着一些让人不得不重视的问题。尤其是在经济社会发展迅速的信息时代，经济形势的多变对经济类课程的教学提出了一系列新要求。因此，本书提出将 Seminar 教学模式运用于经济类课程教学中的改进方法，以期对经济类课程教学模式作出一定的改进。

第一节 创新人才的课程教学现状

目前，很多高校开设了经济类课程，但课程的教学依旧以理论式教学为主，导致经济理论与灵活多变的经济现实之间难以形成良性的对接。在实际的经济活动中遇到形形色色的复杂经济问题时，难以将所学知识应用于实践。经济类课程的特点之一在于，面对复杂多变的经济行为，需要及时发现问题、系统分析问题、有效解决问题的综合能力，但这恰是传统填鸭式教育的盲区。高校教育有三项基本职能：培养专门人才、科学研究、服务社会。❶ 如果经济类课程仍以传统理论式教学来展开，培养的专门人才就无法适应经济社会的发展，具体的科学研究也就失去了现实意义，更

---

❶ 程远. 浅谈中国的经济学教育现状与发展方向 [J]. 当代经济，2012（23）：112-115.

难以为经济社会服务提供专业化的决策咨询。而 Seminar 教学模式在国外经济类课程教学中已被广泛使用,取得了良好的效果,为我国经济类课程教学改革提供了思路。

改革开放四十余年来,在我国经济快速发展的同时,经济类课程教学体系不断丰富。国内高校的经济类课程教学体系初具规模,也颇有成效,为我国经济建设和社会发展培养了大批人才。作为世界上第二大经济体,我国的经济类课程教育也在不断地发展革新,如引入深度学习理念,更加关注学习者学习的过程与状态,对知识核心概念和原理的深层次理解,对学习意义和知识的协同建构❶,以及借助信息技术创设翻转环境的翻转课堂,以提升教学质量、促进学生自主学习和发展为宗旨,使学习者从知识接收者变为知识探索者和挖掘者❷。

随着信息化时代的到来,经济信息呈爆炸式发展,学生们获取信息的渠道广阔,可获得的信息种类繁多,但难以透过经济行为本身发现经济发展的本质,经济理论不能有效指导经济实践。因此,在经济类课程教学中,形式单一的注入式教学模式越来越难以吸引学生的注意力,亟须改革传统的经济类课程教学模式,以适应我国经济的快速发展。

信息化时代对经济类课程教育培养提出的新要求有以下五点。

第一,经济类课程教学应该不断提高学生自我学习的能力。在经济类课程的实际教学中,变化不一的现实经济问题对学生的自学能力提出了一定要求。传统的经济类课程教学中,更注重理论教学,课堂形式单一,学生们搜集、筛选及分析问题的能力得不到充分重视。为了适应快速变化的经济现象、经济行为,学生不仅要吸收教师传授的经济理论知识,而且要具备较强的自学能力。

---

❶ 张国荣.基于深度学习的翻转课堂教学模式实践[J].高教探索,2016(3):87-92.
❷ 赵俊芳,崔莹,郑鑫瑶.我国高校翻转课堂的实践问题及对策研究[J].现代大学教育,2018(6):89-93.

第二，经济类课程教学应该提高学生发现问题的能力。经济类课程教学实践包括发现问题、分析问题、解决问题三个重要方面，而其中最重要的是从复杂多变的经济现象中"发现问题"。社会经济的很多问题映射在日常生活中，这就将经济类课程的学习延伸到了课堂之外。因此，需要学生在现实经济活动中不断思考，发现具有现实意义的经济问题，揭示经济现象的本质。

第三，经济类课程教学应努力提高学生的沟通交流能力。根据经济学的学科特点，一个好的经济学者不仅要有一定的科研能力，同时要求具备良好的沟通能力。与同学之间沟通、与教师的沟通往往对表达方式有着不同的要求。沟通交流能力不仅体现在日常的语言表达中，也体现为书面的用语表达的准确性、规范性，而这些能力对于经济学的研究者来说也是相对重要的。

第四，经济类课程教学应该强化学生的团队意识。在对较为复杂的经济问题和案例的分析中，往往会涉及经济理论和计量分析软件的综合运用，小组内的通力合作使每个成员发挥特长，组员之间取长补短，和谐的课堂氛围也使得学生思维活跃，有利于更全面地分析问题。良好的团队意识能够帮助学生在经济类课程的学习和日后经济问题的分析工作中，通过合作高效解决问题。

第五，经济类课程教学应该培养学生的批判精神。在几乎所有类型的高校中，课堂上主动表达自己看法的学生都是凤毛麟角，主动表示自己与其他人看法不同的就更寥寥无几了。敢于提出争议的批判精神有助于现实经济问题的发现，为问题的分析解决提供不同的视角。经济政策的"墨菲定律"指出，经济学家在他们知道得最多、意见最一致的方面对政策的影响力最小；而在他们知道得最少、争议最大的地方对政策的影响力最大。❶

---

❶ 阿维什卡·K.迪克西特.经济政策的制定——交易成本政治学的视角[M].北京：中国人民大学出版社，2004.

快速变化的经济行为不断伴随着新问题的产生,而新的问题中往往孕育着新的思考与发现,在经济活动中,批判精神提供了不同的思考方向,有利于经济政策的合理与完备。

第二节 Seminar 教学模式的创新人才培养思路

19 世纪,德国柏林大学明确高等教育的首要职能为科学研究,从此 Seminar 教学模式教研同一的原则被正式确立。[1]到 19 世纪 20 年代,Seminar 教学模式被广泛应用于欧美等发达国家和地区的高等教育教学。随着广泛的实践应用,Seminar 教学模式在高等教育教学中越来越成熟,其丰富的理论内涵主要有认知主义学习理论、社会互动理论、建构主义学习理论。[2]20 世纪 60 年代,认知主义作为"认知革命"的产物兴起,主张作为学习主体的学习者受自身因素影响基于已有认知主动获取知识,在教学领域逐渐得到广泛认可。[3][4]社会互动理论起源于社会心理学,后被广泛应用于教学领域,认为学习主体行为受客观环境的影响,学生在基于社会互动理论的日常学习中互相帮助。[5]20 世纪 80 年代,构建主义基于认知主义学习理论和社会互动学习理论,强调知识是学习者在一定情景中通过学习主观构建而成的[6],在此过程中学习主体是学习者,并受自身主观因素和外界

---

[1] 王林义,杜智萍.德国习明纳与现代大学教学[J].外国教育研究,2006(7):77-80.
[2] 马桂花.加拿大高校 seminar 教学模式及其启示——以约克大学为例[J].高教探索,2018(10):56-61.
[3] 尚俊杰,裴蕾丝.重塑学习方式:游戏的核心教育价值及应用前景[J].中国电化教育,2015(5):41-49.
[4] 李昊婷,刘晓明.学习理论视域下思想政治教育中大学生学习心理探究[J].教育探索,2014(4):119-121.
[5] 石新国.社会互动的理论与实证研究评析[D].济南:山东大学,2013.
[6] 王晓农.基于建构主义的翻译教学探析[J].教学与管理,2007(36):77-78.

客观因素的影响❶。因此，Seminar 是一种打破传统灌输式教学、激发学习主体的学习主动性且得到了实践检验的教学模式。

在实际教学中，结合学科专业课程目标，通过安排教学活动实施 Seminar 教学模式，其培养创新人才思路如图 5-1 所示。Seminar 教学模式的教学进程可大致分为四个阶段：一是分组选题，依据任务量划分学习小组、确定目标问题，划分学习小组的目的在于营造学习环境，培养学习者的沟通交流能力和团队合作意识；二是材料搜集分析，学习小组围绕选题搜集分析整理相关的材料，学习者为达到解决问题的目的而主动搜集分析相关资料、自发学习新的知识，形成自主学习、独立思考的习惯；三是成果讨论，各学习小组取得一定成果后进行组间成果讨论，在组间讨论时需要小组成员组织语言展示成果，同时在听取组间成果时对比思考，以此锻炼学习者的语言表达能力和批判性思维；四是总结归纳，对学习小组的成果进行总结归纳，学习者在总结归纳过程中回顾反思整个学习过程，培养创新能力。

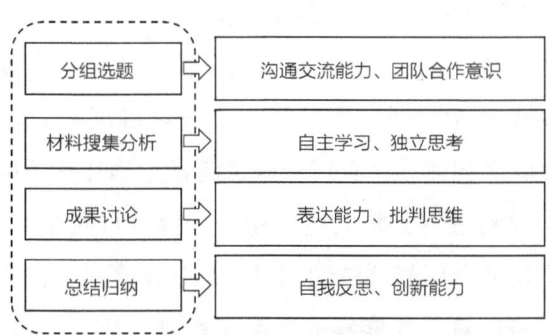

图 5-1　Seminar 教学模式的创新人才培养思路

---

❶ 冯忠良. 教育心理学［M］. 北京：人民教育出版社，2004：110-121.

第三节　Seminar 教学模式在课程教学中的优势

目前在国外的经济类课程教学中使用较为普遍的是 Seminar 教学模式，Seminar 即为研讨会形式的课堂教学。这一教学方法由柏林大学首创，后来被美国、英国、法国、日本等多个国家相继效仿。这种教学模式将讲台开放给了全体学生，教师在整个教学过程中起到启发、引导和答疑的作用，这也符合我国推行的新教学理念中所强调的"学生是学习的主体"这一观念。与传统的经济类课程的教学方式相比，Seminar 教学模式是一种更为灵活多变、开放活泼的课堂教学方法，营造更为轻松的学习氛围，激发学生们的发散灵活思维。具体来说，在经济类课程教学中实施 Seminar 教学模式优势在于以下五个方面。

一、Seminar 教学模式有利于培养学生的自我学习和独立思考能力

Seminar 教学模式的一大特点是将讲堂开放给了全体学生，打破了教师一人执掌讲堂的传统。在实施 Seminar 教学模式的经济类课程教学中，不再是教师一人讲课给学生听，而是学生们分别展现和分享自己的学习成果，教师则负责监督和辅导，真正做到了将学生当作学习的主人。在学生们自行搜集经济材料进行分析的过程中，为保证自我学习成果的完整性、科学性，就必须在每个环节都做到积极主动、认真思考。只有自身充分理解经济概念、经济原理，才能够清楚明了地进行讲解，"以其昏昏，使人昭昭"是行不通的。在整个经济类课程学习的准备阶段中，学生们往往会花费大量的精力以求做好完备的搜集工作，搜集材料的工作本身就可以起到扩展知识宽度的作用，且查找资料的能力也会在长期的锻炼中有所提升。因此，运用 Seminar 教学模式，学生们能在经济类课程中逐渐掌握自学的方法，并养成独立思考的习惯。

二、Seminar 教学模式有利于培养学生发现问题的能力

在经济类课程中实施 Seminar 教学模式，学生往往会更认真地对待自行搜集到的材料，在反复的研读和剖析中，引发一系列更主动的思考，从而解决已有的问题，并发现新问题。爱因斯坦曾说过："提出一个问题往往比解决一个问题更重要。"在经济类课程的教学中，解决已有的问题只是沿着前人的道路继续探索，而发现一个新的问题则意味着一个新的视角、新的方向，一条全新的道路，发现问题是经济发展创新的开始。因此，在经济类课程教学中引入 Seminar 教学模式能够培养学生发现问题的能力，充分挖掘学生创造力。

三、Seminar 教学模式有利于强化学生的沟通交流能力

运用 Seminar 教学模式的经济类课程中设有组内讨论、展示、组间讨论、教师指导的环节，这些环节都对学生的语言表达能力有着一定的要求。无论是在哪个环节，学生想要表达自己的经济观点，就必须提供一定的论据作为支持，且整体的表达要具备一定的逻辑性，叙述准确清楚，并需要注意经济学专业术语的使用。依托 Seminar 教学模式，相同的经济原理在学生们不同的表达方式下，听者的可接纳程度也是截然不同的。因此，在接收别人不同表达方式的同时，不断地进行自我表达练习，能够帮助学生取他人之长，找到适合自己的有效交流方式。

四、Seminar 教学模式有助于培养团队合作意识

在传统模式的经济类课程中，教师将知识单向传输给学生，而学生之间几乎零交流。而在 Seminar 教学模式的课堂上，各个成员之间相互联系，这种联系不仅存在于小组内的成员之间，也存在于不同的小组之间及师生之间。为了更加出色地完成经济案例的分析工作，各个成员需要分工明确、各尽其能。在小组内的交流中，要求每位成员能够自由而不偏执地发表看法，要做到在有效的良性沟通中，将个人的分析理解转换成小组成

果。因此，在整个班级的共同交流学习中，学生对于集体的意义会有更深的认识，领悟到团队合作精神的重要性，增进合作意识。

五、Seminar 教学模式有利于培养批判精神和反思精神

在以往的经济类课程教学过程中，学生一直是知识的接受者，在课堂上只有听课的权利，几乎没有质疑的机会。Seminar 教学模式的经济类课程给予了学生们表达观点的权利，在对于经济理论和案例的自主学习和思考中，学生结合理论知识搜集支撑材料，从而具体地阐述自己的看法和见解。当对于某一经济案例分析的意见相左时，学生在轻松活泼的课堂氛围中可以对阐述的看法和见解提出质疑观点。一旦质疑成立，应根据他人的观点进行自我反思。这个过程帮助学生及时发现分析中的漏洞，学会用批判性思维从不同的角度去看待问题。

在经济类课程的教学中，Seminar 教学模式这种多方互动、生动活泼的课堂教育有着十分重要的意义。这种模式让学生"像经济学家一样思考"，用经济学原理去分析、解决现实社会中的问题，从中获得足够大的长期收益。同时，对于教师来说，Seminar 教学模式提高了其对课堂准备的要求。不同于传统课堂上照搬书本式的教学，Seminar 教学模式的课堂上会有更多的不确定性，面对学生们可能会提出的各种问题和质疑，教师在课前也要做好更加充分的准备。只有师生双方都认真对待，Seminar 教学模式的经济类课程教学才会起到更好的效果。在思想的碰撞中，学生提出的全新的观点和质疑，也会给教师带来看待传统问题的新角度，帮助教师发现新问题，甚至为科研提出突破性的思考方向。

第四节　Seminar 教学模式在课程教学中的实施流程

结合经济类课程的知识结构特点及 Seminar 教学模式的基本原理，我们总结出基于 Seminar 教学模式的经济类课程教学具体实施流程，如图 5-2 所示。

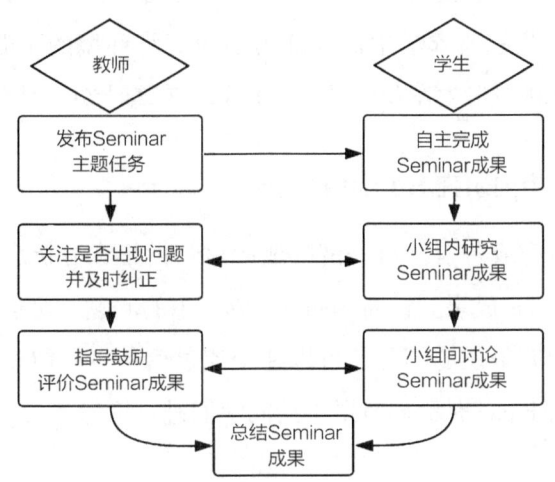

图 5-2　Seminar 教学模式的经济类课程具体实施流程

一、教师发布 Seminar 主题任务

由于经济类课程的学习需要循序渐进，因而整个教学的过程中，需要教师科学把控总体课时的进度，合理确定各部分的 Seminar 主题任务。为启发学生们主动思考，教师可选择经济生活中真实发生的案例来引入课题内容，越是贴近生活，就越容易为学生们所接受和理解，也更能够调动其积极性。教师进行课堂讲解后，将 Seminar 主题任务分配给各个小组，具体分配方式可根据不同经济内容的难易程度进行适当调整。

二、学生自主完成 Seminar 成果

根据 Seminar 主题任务的要求，小组成员分工协作，开始进行经济学材料的搜集和分析。首次接触这种教学模式的学生可能会遇到一些障碍，如信息搜集渠道有限、信息分类筛选有困难等。但在搜集和分析经济学材料的过程中，学生们会更为认真地剖析自行收集的材料，更有效地提高自我学习能力和分析判断能力。在当今信息化时代，经济形势和经济学知识更新换代很快，这就要求学生们有能力适应经济环境的不断变化。因而，学会自主搜集材料与自主发现问题、分析问题有着十分重要的意义。

三、学生小组内研究 Seminar 成果

在小组成员完成各自针对经济问题的材料搜集和分析后，所有成员的成果汇总成 Seminar 成果。针对 Seminar 成果中的问题，可进行小组内的交流讨论。而对于有争议的部分，可以在交流过后各自保留意见，将不同的观点在之后的 Seminar 展示环节提供给同学们进行思考。

四、教师关注是否出现问题并及时纠正

在课程教学中，教师关注是否出现问题并及时纠正贯穿着整个 Seminar 教学模式的实施流程。教师跟进学生自主完成 Seminar 成果进度，重点关注学生在学习中存在的问题，并加以引导指正。在此过程中，教师鼓励学生多思考、多发言，对于学生们出现的经济理论上的理解误差应使用适当的方式加以匡正，以免挫败学生的积极性。

五、学生小组间讨论 Seminar 成果

各小组分别将讨论结果汇总后，推选一名代表，通过幻灯片或其他方式将 Seminar 成果进行展示。实际的经济类课程实践中，小组中性格内向、缺乏自信的同学往往不会主动承担讲解的任务，这反而会使其错失自我表

现的良机。讲解的同时也能帮助学生理解和掌握经济理论，因而小组代表一职可以在小组成员之间轮流。陈荣群等在对 Seminar 教学方法的应用研究中，探索了小组各个成员均参与发言的方法。❶ 在实际操作过程中，有的小组中每一位同学分别陈述论题的一部分内容，有的小组中一位同学作为串讲，其他同学各自陈述相应的论题内容。整个教学过程生动活泼，学生们也可以各司其职、各尽所长。在每个小组完成其 Seminar 成果展示后，其他小组可针对该小组所分享的内容提出疑问或发表见解，也可以针对分析经济材料的方法提出改进建议。在本阶段，应将经济现象的理解交流、思想的交换碰撞放在首要的位置。

六、教师指导鼓励评价 Seminar 成果

在 Seminar 成果展示和意见交流后，教师对小组学习情况进行评价，注重对积极的思考和新颖的发现予以鼓励，并针对小组展示及小组间交流中出现的问题，进行及时的说明和矫正。应当注意的是，相较于直截了当地指出错误，教师使用引导的方式，更能帮助学生培养自主发现错误的能力，有助于学生自我反思习惯的养成。

七、总结 Seminar 成果

对整个课时中的 Seminar 成果展示、小组间意见交流、教师指导进行总结，总结材料作为 Seminar 教学模式下经济类课程的课时学习成果，用于后续课程的复习、反思及 Seminar 主题任务的进一步完善。

Seminar 教学模式的经济类课程在实践中遇到的一大困难，便是学生们在讨论和交流中不敢踊跃地表达自己的见解。针对这一问题，为了提高 Seminar 教学模式经济类课程的效率，可以从师生参与度、提问数量和质

---

❶ 陈荣群，田英，龙昀光，等.教育信息化环境下 Seminar 教学方法的应用研究[J].中国电化教育，2014（2）：114-118.

量、研讨会气氛及内容等方面进行量化处理，利用相应的数据分析结果作为 Seminar 教学模式的评价指标。❶同时，也可以将该指标加入期末评优评先考量中，以提高学生们课堂上的发言积极性，确保 Seminar 教学模式经济类课程的高质量。

第五节　Seminar 教学模式在课程教学中的重点拓展方面

很多学者研究并推广 Seminar 教学模式，在理论和实践上都证明其科学可行。但想要最大限度地发挥这种教学模式在经济类课程教学中的优势，仍需要在以下两方面进行拓展改进。

第一，学生、教师、学校多方配合。采用 Seminar 教学模式的经济类课程通常会花费学生、教师甚至学校更多的成本和精力。Seminar 教学模式在经济类课程中的有效运作需要学生和教师课前的充分准备及课后的总结反思，如果有一方敷衍了事，课堂的效果都会不尽如人意。同时，也需要校方在教学管理和教学设施方面的配合。

第二，增进经济学理论与本土文化的契合度。有学者认为目前中国的经济学研究出现了严重的"西化"现象。在经济学的整个课程体系中，现代的主流经济学也确实源于西方国家。然而，如果我们只根据西方的经济学理论亦步亦趋，则不易将其付诸我国经济建设的实践中，将更难以形成具有中国特色的经济学理论体系。因此，采用 Seminar 教学模式更有利于中国经济学研究吸收东方文化的精髓，逐步形成我国特有的经济学研究框架和范式。❷

---

❶ 陈奇，王雨，周建军，等. 面向研究生科研能力培养的 Seminar 运行机制研究 [J]. 科教文化，2019（11）：6-9.

❷ 周文. 当前中国经济学研究中的若干问题与反思 [J]. 当代经济研究，2017（9）：56-63.

Seminar 教学模式契合经济学学科的特点，能够帮助经济类学科的初学者在多方位的沟通交流中，对抽象概念形成初步理解，也能够在经济案例分析和讨论中，帮助高年级的同学对经济理论加深理解、灵活运用。而在 Seminar 教学模式于经济类课程的具体实施过程中，还需要师生及校方多方面的配合和更进一步的探索。在我国经济学体系的不断发展完善中，高校的教育是其中重要的推动力量，而教学的实践与研究从来都不是一蹴而就的，需要我们不断积累总结，探索革新。

第六章　面向"大数据+云平台"创新人才培养机制创新

随着大数据与云平台等信息管理科技的深度融合,经济学类人才培养面临新的要求与挑战。为了化时代挑战为高校创新人才培养方式的机遇,顺应信息化发展形势,对"大数据+云平台"的恰当运用将成为当前形势下解决新问题、应对新挑战的途径与工具。专业、学位点与学科的协同发展建设为经济学类创新人才培养提供了新视角,三者相互隔离已经成为制约高等教育人才培养的阻碍,而大数据与云平台为三者的融合提供了可能。因此,本书提出了面向"大数据+云平台"的"特色专业—学位点—优势学科"协同视角下创新人才培养的新路径,通过专业机构管理、开放平台共享、增强数据意识、评价机制多元化等途径,结合大数据手段与云平台技术,打造开放共享、快捷高效的经济学类"特色专业—学位点—优势学科"协同育人平台。

第一节　大数据和云平台人才培养发展现状

社会经济生活不断进步与改变,大数据与云平台等信息管理科技不断深度融合,经济学类人才培养面临新的要求与挑战。专业、学位点和学科建设是高校人才培养与教育管理的重要方面,然而传统的独立管理、部门分设和线上平台分离,在一定程度上影响了资源的整合利用和数据信息的创新共享,不利于经济学类专业、学位点和学科的融合发展与建设,阻碍了高等教育综合实力的提升。专业、学位点和学科的协同机制建设能够优化资源配置，在一定程度上减少对资源共享的限制，推动资源整合效率的提升。在有限资源下，防范专业、学位点和学科间资源分配不公或资源的不良竞争等问题。大数据时代下信息技术与不同产业间深度融合，社会发展带来了人才需求的转变，创新能力与综合实践能力成为目前高校经济学类人才培养的重点，专业、学位点和学科的建设出现了新的要求与侧重点。为了实现专业、学位点和学科的融合发展，建立"特色专业—学位点—优势学科"协同发展创新人才路径是当今时代高校创新高效发展的突破性手段和整合优化资源配置的有效途径，也是培养创新型、复合型人才的主要途径，为创新型人才培养提供新思路和新视角，为经济学类人才培养提供技术支持和平台，并进一步突破管理瓶颈和优化业务流程，为创新型人才培养奠定良好基础。

在一流学科建设背景下，创新型人才培养成为核心任务，高校对优势学科建设的重视程度不断提高，不少相关研究提出通过专业与学科协同机制建设的方式打造特色学科群的新优势，形成创新型人才培养的特色竞争力。❶专业与学科一体化是高校提高专业建设水平的重要举措，高水平的学科建设和专业建设呈现相互促进、相辅相成的联系。在专业与学科一体化的基础上加入课程优化，从专业、课程、学科一体化的角度讨论一流学科建设与一流本科的内在关系和联合建设的基本思路。❷从"学科—专业"协同发展的视角，实证结果表明这种协同机制对于人才创新能力的培养有着正向的促进作用。❸

---

❶ 袁广林.学科专业一体化：新建本科高校学科建设策略［J］.高校教育管理，2016，10（2）：82-85.

❷ 林杰，洪晓楠.论一流学科建设与一流本科教育的耦合整生——基于学科、课程、专业一体化的视角［J］.教育科学，2019，35（5）：61-66.

❸ 王凯，胡赤弟."双一流"建设背景下创新人才培养绩效影响机制的实证分析——以学科—专业—产业链为视角［J］.教育研究，2019，40（2）：85-93.

本章将基于信息化时代背景,以"大数据+云平台"的技术手段为支撑,为经济学类创新型人才培养打造开放共享的"特色专业—学位点—优势学科"协同发展平台,以"大数据"为手段推动经济学类教学工作、管理事务、人才培养的信息化与现代化,利用"云平台"整合经济学类专业、学位点和学科的建设工作。打造开放共享、信息全面、方便快捷的一体化教学、管理、科学研究平台,优化经济学类的传统教育模式、管理模式,改善经济学类人才培养与社会人才需求对接不利的现状。以开放共享为方针,拓宽经济学类人才的知识获取渠道,突破跨专业、跨学科、跨学校的教学与管理障碍,推进本科生和研究生教育工作的高质量发展,推进高校教育治理体系和治理能力的现代化,实现经济学类创新型人才培养的新突破。

第二节 依托"特色专业—学位点—优势学科"协同发展创新经济学类人才培养的动因

在信息化时代背景下,"大数据+云平台"与高等教育的跨界结合不断深入,传统的高校管理模式和人才培养方式的弊端逐渐显现,以信息技术手段为依托,涌现出高校教育治理体系和治理能力现代化的新发展方向。❶经济学类人才培养的要求随着社会经济的发展变革和科技手段的进步而不断升级,亟须"大数据+云平台"体系的支持和支撑,以海量信息的运用提升高校管理的科学性,以开放共享的理念提高高校的人才培养效率和创新水平。基于"大数据+云平台"建立的"特色专业—学位点—优势学科"协同发展创新人才路径,能够利用专业、学位点和学科之间相辅相成的内在联系促进经济学类教育的高质量发展,在有限资源下实现高校

---

❶ 周洲,杜朝举.大数据时代推进教育管理现代化的机遇与挑战[J].中国高等教育,2019(23):46-48.

建设的高效率化，优化资源配置，并顺应时代发展的需求，为创新型、复合型经济学类人才培养提供开放共享的资源平台。

一、"大数据+云平台"背景下高等教育高质量人才培养的时代要求

随着招生人数的不断增长，高校人才培养规模迅速扩大，经济学类的专业与学位也取得了较为持续的发展，本科与研究生的招生整体上处于持续增长中。

经济学类的专业规模人数取得较大增长，2004年至2019年，本科招生人数从13.19万人上升至23.21万人，增长了0.76倍；经济学类的学位点规模人数在此期间则出现了更为大幅的增长，研究生招生数从1.70万人上升至4.18万人，增长了1.46倍，如图6-1所示。

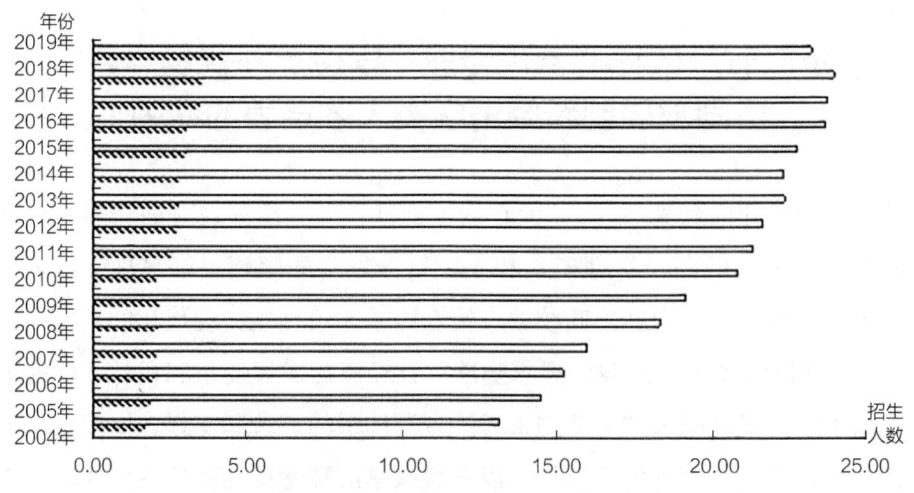

图6-1 2004—2019年经济学类普通本科与研究生招生数

在经济学类专业与学位点招生规模持续扩张的同时，为提高学士学位授予质量和创新人才培养质量，2019年国务院学位委员会印发了《学士学位授权与授予管理办法》，提出要"实现高等教育内涵式发展"和"牢牢抓住提高人才培养质量这个核心点"。因此，亟须建立科学的统筹管理体

系，保障高等教育和人才培养的高质量发展。

专业、学位点和学科的综合发展水平作为高校建设成果的重要评价指标，是高校实现高质量、内涵式发展的主要突破口，国内的一流院校也大都是依托于相应的优势学科和特色专业而建立起来的。在现行的高等教育管理模式下，经济学类专业、学位点和学科分属不同的部门独立管理，忽视了人才培养过程中三者之间相互促进、相辅相成的内在联系。介于其中的复杂关联，专业、学位点和学科的建设本质上难以割裂开来，三者的融合发展能够更好地利用相互之间的关联性发挥互利作用。结合海量数据信息化的技术手段打造面向"大数据＋云平台"的"特色专业—学位点—优势学科"协同发展创新人才路径，亟需在专业、学位点和学科融合建设的基础上搭建一个开放平台。因此，要在优势学科的带动作用下，推进经济学类教育资源在校内不同专业、学位点和学科间，甚至不同院校之间的开放共享，形成以优势学科吸引优质资源，以优质资源建设优势学科、特色专业和学位点的良性循环，进而推进一流学科背景下创新型人才培养的快速发展。

二、"大数据＋云平台"背景下人才培养资源配置效率优化的发展方向

高校的专业、学位点和学科建设在数据共享和信息技术革新的影响下，关联性愈加紧密，经济学类专业、学位点和学科不仅负责本科生培养、研究生培养和科研成果产出，更承担着人才培养、教学管理中的共同建设任务，三者相互补充、相互支撑，以弥补学科建设更侧重于创新能力和创新条件建设，而专业和学位点建设更侧重于人才培养条件和能力的缺点。专业、学位点和学科的协同发展是提升高校教育管理效率、推动教育管理科学化和高效率、培养创新型复合型人才的有效途径，一方面减少了单独建设造成的人才培养的资源浪费，另一方面也能有效避免三者交叉部门的重复建设和管理盲区的出现，不仅提高了高校人才培养的投入效率，

也使人才培养的实际管理工作更加方便和快捷。

"大数据+云平台"背景下,数据信息化及云储存等技术手段对于经济学类人才培养方式的现代化和高效率发展能起到重要支撑作用。通过细化权力分工、明确责任主体、平台统一管理等方式,推进"云平台"建设下高校教育管理信息的公开透明化,减少高校内部专业、学位点和学科建设间因资源分配问题而产生的不良竞争。因此,基于"大数据+云平台"的经济学类"特色专业—学位点—优势学科"协同发展能够促进高校管理规范化、科学化和现代化,同样能够更大程度地发挥有限资源在整体建设中的作用,推动经济学类整体人才培养建设的高质量、高效率发展。

三、"大数据+云平台"背景下创新型、复合型经济学类人才培养的现实需求

2020 年 9 月,教育部、国家发展和改革委员会、财政部发布了《关于加快新时代研究生教育改革发展的意见》(见图 6-2)。该意见提出要"深入推进学科专业调整",要求学科专业调整要适应社会需求变化。随着信息革命的不断推进,数据信息化的处理方式对经济学类专业、学位点和学科原有的分离式管理提出了挑战,本科生和研究生的教学工作及高校的教育管理工作应顺应时代发展趋势,服务于现代化经济学类人才需求。在现代社会的高速发展变化中,信息的更新迭代速度也在不断加快,新时代背景下经济学类人才需要更高的创新意识和创新能力,因此高校和社会对于包括本科生、研究生在内的经济学类人才创新能力的培养越来越重视。在"大数据+云平台"的背景下,专业、学位点和学科间的界限逐渐趋向模糊,越来越多的交叉学科应运而生,具备跨专业综合实践能力的创新型、复合型经济学类人才逐渐成为社会人才需求的重点。

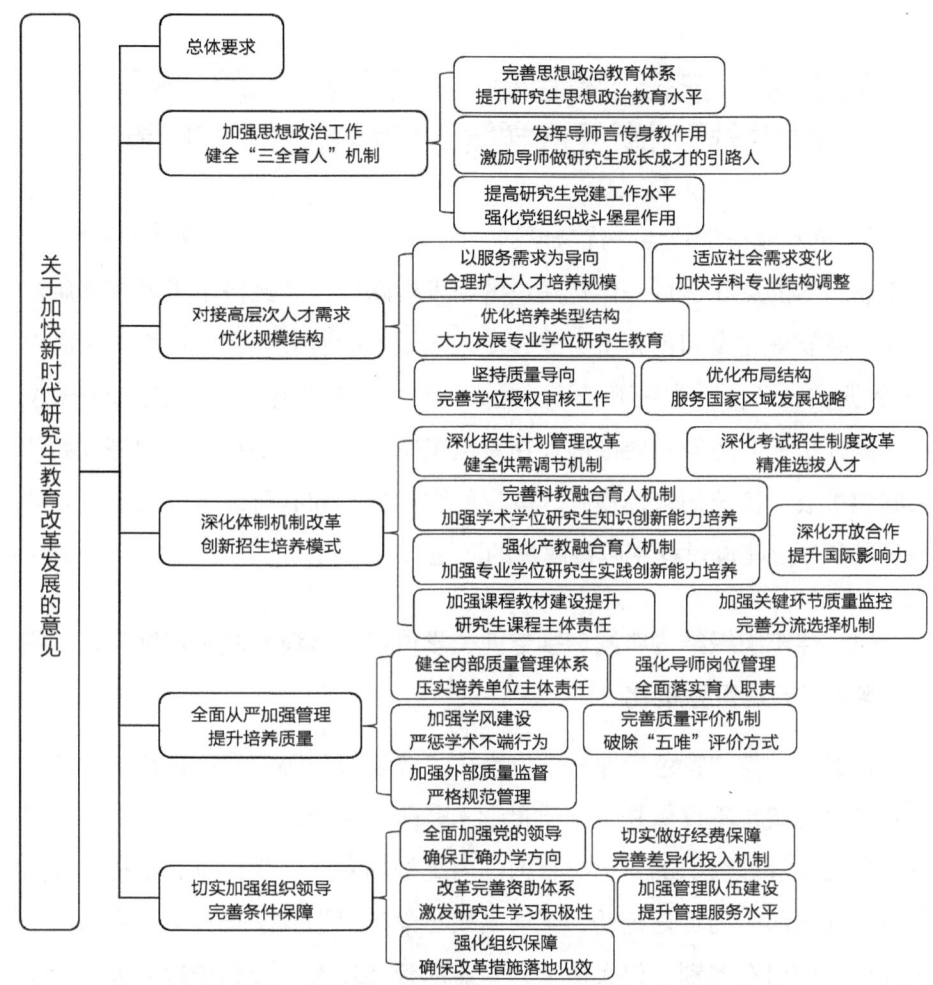

图 6-2 关于加快新时代研究生教育改革发展的意见

高校人才的培养往往以社会发展需求为导向，面对新一代互联网和信息技术的发展，社会对创新型、复合型经济学类人才的需求逐渐加大。专业、学位点和学科是高校人才培养的直接载体，利用"大数据+云平台"构建一体化的"特色专业—学位点—优势学科"协同发展创新人才路径，能够为人才的培养提供信息全面、开放共享的资源平台，融入新的教学方式，培养学生科研能力，鼓励创新意识，有利于整合经济学类学科前沿成果，帮助学生了解和把握学科的最新发展动向。

第三节 依托"特色专业—学位点—优势学科"协同发展创新经济学类人才培养的制约因素

"特色专业—学位点—优势学科"协同发展是面向"大数据+云平台"的专业、学位点和学科一体化建设的新发展路径,是经济学类教育高质量发展、高效率建设和创新型、复合型人才培养的有效模式。然而,在面向"大数据+云平台"背景下经济学类人才培养的过程中,"特色专业—学位点—优势学科"协同发展依旧存在着组织结构、学科壁垒和技术等方面的限制和挑战。传统的管理模式、既定的学科分类和有待改进的技术设施都是学科和专业建设过程中亟待解决的问题。

一、传统组织结构容易忽视专业、学位点和学科间的紧密联系,制约人才培养的资源配置优化

在经济学类"特色专业—学位点—优势学科"协同发展视角下创新型人才培养的实现不仅依托于高质量学术科研成果的产出,也同样离不开高校内部行政管理组织的支撑。目前国内高校的专业、学位点和学科建设分属不同管理部门的责任范畴,不同高校与学院根据其学科特点,在部门责任划分上会稍有差别。但大体上,专业的管理建设一般属于教务处,学位点建设分属研究生院,学科建设的管理则为学科建设处或发展规划处的责任。❶传统的分部门管理模式忽视了专业、学位点和学科之间的紧密关联,易造成由于责任主体不明确而出现的管理盲区,且不利于数据信息的整合管理,制约了经济学类创新型人才培养的发展。因此,为建设特色专业、学位点和优势学科一体化人才培养结构,需要高校内部组织结构与资源配

---

❶ 张宪国,林承焰.知识—人才产出导向的学科—专业—学位点一体化建设[J].学位与研究生教育,2020(11):25-31.

置作出适当的调整。

二、既定制度体系固化专业、学位点和学科的联动框架，限制经济学类人才培养的信息资源流动

在当前的既定制度体系下，现有的经济学类专业、学位点和学科目录界定了各个专业、学位点和学科的分类与内涵，为专业的设定、学位点的设立和学科的建设制定了统一、标准的制度体系，甚至相应的管理部门也大多基于此建立。❶ 虽然统一的、标准化的制度体系能够帮助高校建立起规范的经济学类专业、学位点、学科体系和行政管理机制，但在信息时代大数据及相关技术平台的影响下，既定的学科分类不再满足经济学类人才培养中交叉学科和前沿学科的发展需求，既定制度体系的统一标准也在一定程度上限制了专业与学位点下创新人才培养的特色发展。

当前专业、学位点与学科建设中的不平衡同样体现在数量结构的变化上。根据教育部于1998年、2012年和2020年颁布的《普通高等学校本科专业目录》，我国普通本科专业数持续增加，经济学类本科专业数在2020年增加至23个，较1998年的本科专业数增长4.75倍，在所有学科门类中增长幅度最大，见表6-1。与专业相比，经济学类学科的层级数均没有变动，在中国学位与研究生教育信息网《授予博士、硕士学位和培养研究生的学科、专业目录》的历次补充修订中，可以授予博士和硕士学位的经济学类一级学科数均为2个，二级学科数均为16个。可见当前经济学类专业、学位点与学科建设中存在着数量结构变化上发展不平衡的现象。

---

❶ 刘小强，聂翠云. 走出一流学科建设的误区——国家学科制度下一流学科建设的功利化及其反思[J]. 学位与研究生教育，2019（12）：18-24.

表 6-1　普通高校本科专业数变化情况

年份 专业类别	1998 年		2012 年		2020 年	
	专业数量/个	专业占比/%	专业数量/个	专业占比/%	专业数量/个	专业占比/%
合计	249	100.00	506	100.00	703	100.00
哲学	3	1.20	4	0.79	4	0.57
经济学	4	1.61	17	3.36	23	3.27
法学	12	4.82	32	6.32	44	6.26
教育学	9	3.61	16	3.16	25	3.56
文学	66	26.51	76	15.02	123	17.50
历史学	5	2.01	6	1.19	7	0.99
理学	30	12.05	36	7.11	42	5.97
工学	70	28.11	169	33.40	232	33.00
农学	16	6.43	27	5.34	38	5.41
医学	16	6.43	44	8.70	58	8.25
管理学	18	7.23	46	9.09	59	8.39
艺术学	—	—	33	6.52	48	6.83

依据中国学位与研究生教育信息网相关信息,自1983年学科目录试行草案制定以来,学科、专业的结构经过了多次调整。一级学科总数从最初的64个逐渐增长至111个,二级学科数则呈现出逐渐下降的趋势。❶这种数量上的变化也体现出学科宽度不断扩展与知识跨度需求不断扩大,而标准化的专业、学位点和学科分类在一定程度上限制着这种知识的融合与互通。因此,在标准学科分类形成的既定学科边界下,以学科进行划分的各个院系之间管理往往相互独立,教学互动较少、关联性不强,不利于院系间优质课程的交流共享,无法为学生的跨专业、跨学位点和跨院系选课提

---

❶ 梁传杰,罗勤,梁碧涛.对研究生学科专业目录调整的回顾与思考[J].中国高教研究,2007(1):35-37,46.

供便利条件，限制复合型、创新型人才的培养。此外，学院之间的独立建设也忽视了不同学科之间的交融互通，不利于经济学科同其他学科的跨界交流和特色专业、交叉学科的形成与发展，限制了"特色专业—学位点—优势学科"协同发展视角下的经济学类人才的培养。

三、新技术挑战专业、学位点和学科的数据处理能力，强调经济学类人才培养过程中基础数据的动态管理与共享

"大数据+云平台"是信息时代数据存储和数据信息化的技术手段，也是经济学类"特色专业—学位点—优势学科"协同发展的技术支持。然而，在利用"大数据+云平台"获取更为丰富和全面信息的同时，大数据本身的庞大体量更凸显出多样性与复杂性。特色专业、学位点和优势学科的协同发展涉及经济学类人才培养工作与教育管理工作的多个方面，如本科生与研究生的日常线上学习、教师的教学、行政人员的管理和科研项目的推进工作等，各种信息数据相互独立，迫切需要利用"大数据+云平台"统一管理。以创新人才培养为核心的"大数据+云平台"建设要将本科生和研究生的教育教学、学位管理工作、学科建设工作相互结合，将经济学类学科前沿成果、各专业优质课程等资源有序整合，这对平台承载能力、存储能力和运行速度的考验最为突出。同时在特色专业、学位点和优势学科协同机制的日常教育管理工作中，用户个人信息变动、学生课时成绩累加及学分的认证，都需要提升相应的数据处理技术，做到基础数据的动态管理与共享，从而利用"大数据+云平台"更有力地推动教育管理工作的科学化。

第四节 "特色专业—学位点—优势学科"协同建设的发展过程

一直以来，我国高等教育围绕建设高质量教育体系，不断推进教育体

制机制改革，不断探索实现高等教育高质量发展的实践路径。21世纪初我国高等教育贴合实际扩大人才培养规模，在此过程中逐渐意识到在办学过程中现有办学模式将学科建设与专业建设割裂开来，以此针对性地提出"学科—专业"一体化建设，实现学科和专业的协同发展。"学科—专业"一体化建设主要聚焦于如何协调建设学科与专业，促进二者相互支撑融合，此时已经注意到学位点在"学科—专业"一体化建设中的重要性，但还未将学位点建设放在与学科建设、专业建设的同一高度上，仅是将学位点建设作为"学科—专业"协同建设中单向路径之一，即专业建设通过提供优秀本科生源为学位点建设奠定人才基础质量。❶

为满足社会主义事业建设需求，建设高质量高等教育体系，充分发挥学科专业优势，国务院学位委员会多次印发《博士、硕士学位授权学科和专业学位授权类别动态调整办法》，学位点动态调整旨在激发高校办学活力，优化学科建设结构，培养高质量创造型人才。随着学位点动态调整工作的展开，高校逐渐将学科建设、学位点建设、专业建设放于同一高度上，作为创新人才培养的重要载体、高校高质量发展的评估指标，诸多高校积极探索"特色专业—学位点—优势学科"协同建设一体化发展的实践路径。"特色专业—学位点—优势学科"协同建设是对专业、学位点、学科三者建设割裂局面的应对措施，这要求高校做好全局观的顶层设计，构建符合"特色专业—学位点—优势学科"协同建设的组织结构，统筹规划教育建设资源配置。❷在新文科建设背景下，"特色专业—学位点—优势学科"协同建设可从学科交叉融合发展特色专业、组建师资队伍、构建学科平台，培养创新人才等方面入手。

---

❶ 曾冬梅，陈江波.基于协同学视角的"学科—专业"一体化建设初探[J].黑龙江教育（高教研究与评估），2007（5）：20-22.

❷ 张宪国，林承焰.知识—人才产出导向的学科—专业—学位点一体化建设[J].学位与研究生教育，2020（11）：25-31.

第五节 "大数据+云平台"背景下经济学类人才培养的"特色专业—学位点—优势学科"协同建设路径

大数据及其存储管理技术带来的变化，既是挑战，也是抓住时代机遇和顺应信息化发展的有效途径。为化解协同发展中的制约因素与挑战，发挥专业、学位点和学科的内在关联性，深度挖掘"大数据+云平台"的优势，以专门机构统筹管理，设立云平台共享信息资源，以技术升级和数据意识提升化解信息技术挑战，以大数据信息的评价机制多元化引导人才培养的发展路径，以项目攻关推动协同育人机制形成，推进经济学类复合型、创新型人才的高质量培养。经济学类"特色专业—学位点—优势学科"协同发展视角下创新人才培养的基本构想可简要归纳为图6-3。

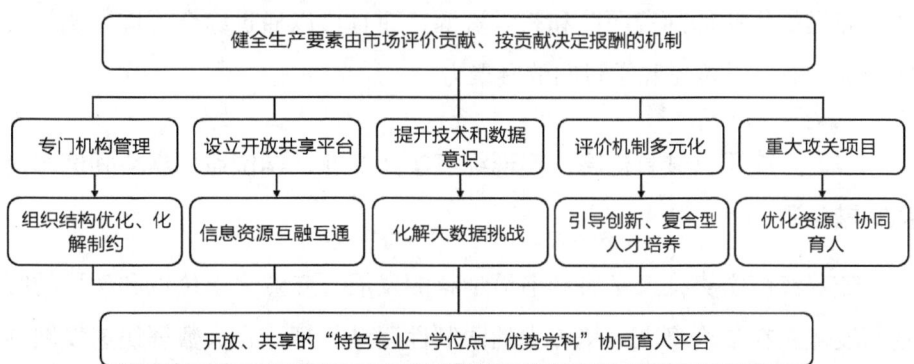

图6-3 经济学类"特色专业—学位点—优势学科"协同发展视角下创新人才培养的基本构想

一、专门机构统筹管理，化解人才培养中专业、学位点和学科协同建设的制约

在我国现行的高校管理结构下，专业、学位点和学科的组织结构设置，在一定程度上阻碍着创新型人才培养的建设与发展。为化解传统组织结构对人才培养过程中专业、学位点和学科协同发展的制约，应设立专门

机构统筹专业、学位点和学科管理，平衡资源分配，推进三者间协同合作的形成，促进三者间内在关联性的发挥，推动创新人才培养的统筹管理。

专门机构的统筹管理能够有效优化传统组织结构中出现的重复建设和管理盲区，打破组织结构对协同发展的制约，增进经济学类专业、学位点和学科间及与其他学科间的联动，促进经济学类本科生、研究生跨专业学习，培养经济学类学生对现实经济问题的综合性分析能力。在专门机构统筹管理的基础上，利用云平台技术统一管理，化解组织结构对于"特色专业—学位点—优势学科"协同发展的限制，实现组织结构的协同优化。经济学类"特色专业—学位点—优势学科"的协同发展是一项涉及高校教育管理多个维度的系统过程，大体上包括学科队伍建设、科研成果产出、优秀人才培养及图书资料和环境设施改善。❶在专门机构统筹管理的基础上，推动经济学类优势学科的建设和特色专业、学位点的设立，不仅能够为教学培养提供优质的师资团队和教学资源，而且可以通过综合管理与统筹安排增进专业、学位点和学科间的凝聚力。

二、开放平台共享信息，实现经济学类专业、学位点和学科间信息资源交融互通

随着经济学类交叉学科和前沿学科的发展，专业、学位点和学科的既定制度体系在复合型人才培养中的限制性逐渐显现。在大数据快速发展的信息时代，当前社会需求下对经济学类人才的创新能力、跨界综合实践能力的要求逐渐提升。专业、学位点和学科协同机制的发展方式有利于激发经济学与其他学科间互通的潜在规律，实现资源的交融互通，在尊重科学规律的基础上孕育经济学与新领域的交叉学科，并进一步调整优化专业和学位点的教学。因此，共享的开放平台将在一定程度上促进信息资源的交融互通，拓展专业发展的宽度，促进高校专业、学位点与学科建设特色与

---

❶ 张炳生，王树立. 学科、专业一体化建设研究［J］. 中国高教研究，2012（12）：43-45.

优势的体现。

越来越多的教学与管理工作呈现出信息化特征，目前高等教育的形式早已不再局限于课堂，教学的形式与内容均趋向于多元化发展。❶融合专业、学位点和学科建设的协同发展平台，通过一键式的资源检索、优质课程呈列、专业前沿成果推送等，建立跨专业课程选择和跨专业学分认证等保障机制，开展基于多学科融合综合教学理念（Science，Technology，Engineering，Mathematics，STEM）的跨专业整合教学模式❷❸，使本科生和研究生的跨学科学习更加可行和方便。尝试开展宽口径的学科大类专业招生，在完成必修专业课的基础上，适当增加学生可自主选择的相关专业或跨专业的课程，鼓励研究生开展跨专业的项目合作。面对现实中复杂多变的经济问题，跨学科学习能够帮助改善经济学类专业人才培养中处理现实经济问题能力不足的缺点。❹在平台跨专业学习保障的基础上，引入问题驱动教学法（Problem-Based Learning），在教学过程中利用具有现实经济意义的综合问题，培养学生利用跨学科知识辨析经济问题的能力。❺

三、增强数据意识、提升数据管理技术，化解大数据为创新人才培养带来的挑战

"特色专业—学位点—优势学科"协同发展下创新人才培养离不开

---

❶ 甘容辉，何高大.大数据时代高等教育改革的价值取向及实现路径［J］.中国电化教育，2015（11）：70-76，90.

❷ Sanders M. STEM，STEM education，STEM mania［J］.Technology Teacher，2009，68（4）：20-26.

❸ 余胜泉，胡翔.STEM教育理念与跨学科整合模式［J］.开放教育研究，2015，21（4）：13-22.

❹ 董艳，孙巍.促进跨学科学习的产生式学习（DoPBL）模式研究——基于问题式PBL和项目式PBL的整合视角［J］.远程教育杂志，2019，37（2）：81-89.

❺ 张春青，刘汛涛，雷晓柱.基于PBL的创新创业课程实践教学模式探索［J］.河北农业大学学报（农林教育版），2018，20（6）：26-29.

"大数据+云平台"的信息技术支持,但在推进高校教育、高校管理信息化的进程中,依旧面临着平台建设优化与信息技术更新等方面的问题和挑战。为进一步提高高校教学管理治理能力,推进治理体系现代化,在经济学类"特色专业—学位点—优势学科"协同发展建设过程中,一方面需要加强对数字信息化技术的重视,善用数据挖掘等技术提高数字信息化效率,优化平台数据处理能力和动态更新速度,提升平台整体运转和人才培养效率,另一方面需同时提升平台用户的数据意识,通过数据共享的方式提高人才培养过程中数据资源的使用效率,在开放的数据信息平台中养成尊重数据、利用数据的意识。此外,应增强网络安全意识的培养,帮助学生、教师等平台使用者树立较强的网络信息安全意识和防护意识,化解大数据带来的信息技术和信息安全挑战。

四、评价机制多元化,引导专业、学位点和学科开放平台式的经济学类人才培养

教育评价机制在教学工作和教育管理中均有着重要的意义,高校的教育质量评价关系着专业和学位点的设立与学科的发展。人才培养和教学管理是专业、学位点和学科建设评价中两个较为重要的方面。然而,传统的人才培养考核评价方式往往较为单一,为加强对经济学类人才创新能力、跨专业综合实践能力的培养,"特色专业—学位点—优势学科"协同发展平台利用海量数据信息化等方式,改良传统的单一评价模式,建立多元化的人才考核与教学评价机制。在人才培养的考核中,加入多样化的学生互评、线上平台学习评分等考核方式,提高学生课堂专注度并锻炼其思维能力。❶❷建立品德修养的专项考核,以立德树人为高校教

---

❶ Lu J, Law N. Online peer assessment: effects of cognitive and affective feedback [J]. Instructional Science, 2012, 40 (2): 257–275.

❷ 罗恒,左明章,安东尼·鲁宾逊. 大规模开放在线学习学生互评效果实证研究 [J]. 开放教育研究, 2017, 23 (1): 75–83.

育的基础任务。

在平台管控和教育管理方面，以科研成果和人才培养的综合指标评价高校的教育工作，结合数据信息化的手段，建立更为科学、多元的评价机制。制订符合高校建设远景规划的教学管理评估方式，平衡高校与高校教师在科研与教学工作中的投入❶，化解专业、学位点和学科建设中的不良竞争，避免出现重科研轻教学或重教学轻科研的情况，以互利合作的方式实现相互间的促进作用❷。同时推动平台公共管理信息的公开透明，实现评价管理机制的科学与多元化。

五、以重大攻关项目为平台，依托"特色专业—学位点—优势学科"协同创新经济学类人才培养

在高校人才过程中，重大科研项目的成果产出直接影响着复合型、创新型人才培养质量。以重大攻关项目为平台，开展经济学类专业、学位点和学科的协同发展，有利于推进学科间的跨界合作，形成突破式的融合发展和创新型科研产出。重大项目攻关带来的经济学类科研成果产出，不仅能带动优势学科的发展、特色专业的形成、学位点的建立，提高经济学类学科与其他学科间及经济学类专业、学位点与学科间的凝聚力，而且其带来的社会影响，将会在一定程度上形成资源倾斜，优化科研设施水平和教学软硬件条件，培养高水平创新型人才，形成学科带动专业与学位点、专业供给后备人才、学位点供给科研人员的良性循环。

面向"大数据+云平台"，形成经济学类"特色专业—学位点—优势学科"的协同发展，本科生、研究生的日常培养与学科项目的管理将共享同一个线上平台，而重大经济学类项目的成果产出或相关进展将为高校本

---

❶ Xu L. Teacher-researcher role conflict and burnout among Chinese university teachers: a job demand-resources model perspective [J]. Studies in Higher Education, 2019, 44（6）: 903-919.

❷ 李长波，张新厂. 大数据视阈下学位点自我评估体系建设研究 [J]. 学位与研究生教育，2015（7）: 7-11.

科生与研究生的日常学习与科研提供更为全面的软硬件支持和专业的技术支撑，凝聚专业、学位点和学科建设的内在关联，促进信息化时代人才培养的突破性发展。

第七章 人力资本积累对高技术产业影响的实证分析

高技术产业是我国经济的战略性先导产业,已成为经济转型发展的重要引擎,正推动国家战略科技力量加快壮大。然而,近年来,国际上明显加大对中国高技术产业和企业的打压力度,我国急需统筹各种关键要素以增强发展内生动力。因此,本章基于2002—2019年的省级面板数据,通过建立随机前沿模型对研究生教育层面的人力资本错配指数进行测度,构建动态空间杜宾模型分析研究生错配的空间扩散路径。

第一节 高技术产业发展的现状

在增长新动力不足和传统旧动力减弱的结构性矛盾突出的情况下,我国高技术产业迅速发展,比重不断上升,增速明显快于整体工业,新的增长动力正在加快形成。习近平总书记指出,我们必须完整、准确、全面贯彻新发展理念,深入实施创新驱动发展战略,把科技的命脉牢牢掌握在自己手中,在科技自立自强上取得更大进展,不断提升我国发展独立性、自主性、安全性,催生更多新技术新产业,开辟经济发展的新领域、新赛道,形成国际竞争新优势。用当代前沿技术从事生产的高技术产业,有着高效率、高创新、高效益的特点,符合现今时代发展的需要,有助于提高产业竞争力、增强综合国力。党的十八大以来,党和国家把推动创新驱动和打造新增长源作为国民经济长远发展的动力,多次强调加快推进我国产业升级和高技术产业发展。在高科技产业追赶的实践中，人们重视科学知识和技能水平，并意识到教育在技术追赶中的作用越来越大。❶ 在高技术产业不断发展的背后，却面临着较为严重的要素错配现象，常见为资本错配和人力资本错配，有学者认为这种现象是由多种扭曲因素造成的错配加总，这制约着高技术产业的升级发展速度，或将成为中国经济实现高质量可持续增长的约束之一。

　　降低要素错配的程度，优化产业结构，是当下经济发展的重要任务之一。2015年，党中央提出要加强在供给侧方面的改革；2020年，国务院出台《关于构建更加完善的要素市场化配置体制机制的意见》（见图7-1），进一步说明优化经济体制内部结构改革对于经济增长具有战略导向性作用。

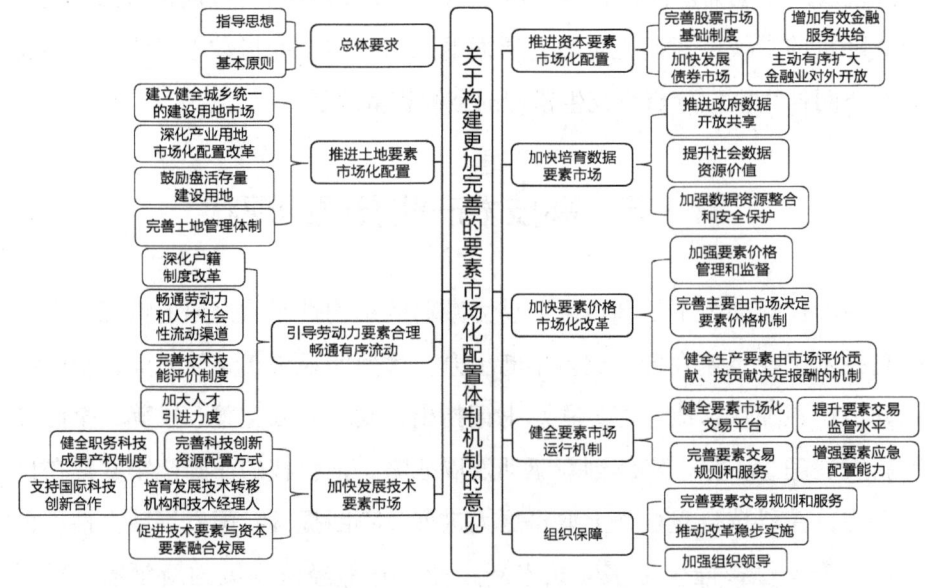

图7-1 关于构建更加完善的要素市场化配置体制机制的意见

---

❶ 雷小苗，李洋.高科技产业的技术追赶与跨越发展——文献综述和研究展望[J].工业技术经济，2019，38（2）：145-152.

与要素错配相关联的客观性要素流动理论一直以来都是传统经济发展的主题，伴随着经济增长理论的不断完善，在二元经济增长核算的框架下，定量地分析出要素错配对于经济发展的影响作用逐步成为一个前瞻性课题。因此，本章从为高技术产业培养高层次、高素质技术技能人才的研究生教育层面分析高技术产业的人力资本错配情况，讨论研究生教育对高技术产业升级发展起何种作用，其在区域空间上又有何效应。

第二节　人力资本积累的作用

当经济发展进入新阶段，仅仅依靠增加资本投入和劳动力投入已不能实现经济的可持续发展，需要转变经济发展方式，从要素积累转向生产率驱动，优化产业内部结构，减少资源错配，进而实现经济的健康发展。从资源错配的角度出发，总结回顾人力资本与高技术产业经济关系，发现其核心关注点主要有以下方面。

资源错配最初是由国外学者谢昌泰（Hsieh）和彼得·克莱诺（Peter Klenow）在对中国和印度的经济发展研究报告中提出的。❶在这篇文章中，他们研究并建立了专门用于计算资源错配指数的方法，该方法后来被多位学者广泛引用学习。总体来看，研究错配的种类主要有资本错配和人力资本错配，在计算表达上分为资本错配指数和人力资本错配指数。谢昌泰和彼得·克莱诺在研究报告中曾写道，如果中国和印度可以实现资源的有效配置，经济总产值增长空间将在30%~50%，意味着我国资源配置情况有待提高。在2004年、2005年左右，资本和人力资本配置情况呈现下降趋

---

❶ Hsieh C T, Klenow P J. Misallocation and Manufacturing TFP in China and India [J]. NBER Working Papers, 2007.

势。⑫ 江艇等在研究中发现行政级别越高的城市，制造业企业的资源错配程度越严重。③ 现今也有学者认为当下我国行业资本和劳动力配置不足，他们将资本错配和人力资本错配作为门槛效应来改善对产业经济的影响，产生显著积极作用。④⑤

除此之外，有许多研究是专门针对人力资本的配置情况展开的。马颖等从产业角度研究错配情况，研究发现第一产业存在人力资本供给过多的情况且呈恶化趋势，第二产业人力资本供给总体不足的状况有所缓解，第三产业供给相对过剩。⑥ 有学者表示人力资本错配情况在各地区均存在，且各地区人力资本错配情况存在显著差异。⑦⑧⑨ 在对教育资源配置研究分析时却发现，高等教育资源配置效率在稳步提升，效率的变动主要受技术效率的影响。⑩ 有文献更倾向于资源错配并非单一因素作用下的结果，更多的是政治过程、制度安排、技术进步和资源配置等因素相互作用的均衡

---

① 陈斌开，金箫，欧阳涤非. 住房价格、资源错配与中国工业企业生产率 [J]. 世界经济，2015, 38 (4): 77-98.

② 郎昆，刘庆. 资源错配的来源、趋势与分解 [J]. 经济学报，2021, 8 (2): 1-25.

③ 江艇，孙鲲鹏，聂辉华. 城市级别、全要素生产率和资源错配 [J]. 管理世界，2018, 34 (3): 38-50, 77, 183.

④ 季书涵，朱英明，张鑫. 产业集聚对资源错配的改善效果研究 [J]. 中国工业经济，2016 (6): 73-90.

⑤ 李拓晨，梁蕾，李韫畅. 高技术产业专业集聚、人力资本错配与创新绩效——以医药制造业为例 [J]. 科研管理，2021, 42 (4): 131-137.

⑥ 马颖，何清，李静. 行业间人力资本错配及其对产出的影响 [J]. 中国工业经济，2018 (11): 5-23.

⑦ 解晋. 中国分省人力资本错配研究 [J]. 中国人口科学，2019 (6): 84-96, 128.

⑧ 葛晶，李勇. 中国人力资本错配的测算及成因研究——基于行政垄断的视角 [J]. 产业经济研究，2019 (1): 62-74.

⑨ 杨仲山，谢黎. 中国人力资本错配测度：区域差异及影响因素 [J]. 财经问题研究，2021 (11): 109-119.

⑩ 游丽，孔庆鹏. "双一流"背景下我国高等教育资源配置效率测评及影响因素研究——基于超效率 DEA—Malmquist 方法和 Tobit 模型 [J]. 教育与经济，2021, 164 (6): 30-37.

结果。❶ 李静等认为提升社会的信息共享和知识传递水平为人力资本外溢提供有效渠道，有利于实现人力资本在部门间的适宜匹配，可以成为推动整个社会创新和经济稳增长的实施条件。❷ 另外，劳动力市场目前存在所有制分割的情况，人力资本短时间内急速扩张导致供需失衡，就会造成人力资本在各部门之间存在严重的扭曲和错配。❸

第三节　人力资本积累对高技术产业影响的理论分析

通过前文梳理可知，有关资源错配的角度大多从资本错配和人力资本错配入手，人力资本错配产生的原因主要分为人力资本供给和产业人才需求，但是很少有学者关注到具体的人才供给是如何造成人力资本错配的。已有研究主要集中在宏观经济方面的人力资源供给，缺乏微观特定产业的聚焦与分析，本节针对高技术产业的重要经济地位和技术偏向特征，重点根据研究高技术产业的人力资本配置情况和优化路径设置计量模型和相关数据选取，为后文实现高技术产业的人力资本精准匹配做好理论分析。

一、计量模型

高技术产业发展是高技术人才进行创新行为的有机载体，承载着区域经济发展和技术革新的使命，因此分析研究生人力资本错配对于高技术产业的发展有重要意义。以柯布－道格拉斯生产函数模型为基础，考虑到研究生人力资本错配是一个动态的变化过程，会随着时间和空间的变化呈现

---

❶ Daron A，Simon J，Robinson J A．Reversal of Fortune：Geography and Institutions in the Making of the Modern World Income Distribution*［J］．Quarterly Journal of Economics，2002（4）：4.

❷ 李静，楠玉．人力资本错配下的决策：优先创新驱动还是优先产业升级？［J］．经济研究，2019，54（8）：152-166.

❸ 纪雯雯，赖德胜．人力资本配置与中国创新绩效［J］．经济学动态，2018（11）：19-31.

不同的趋势，故在模型中引入时空效应，构建研究生教育层面的人力资本错配的空间计量模型如下：

$$\tau_{i,t} = \beta_0 + \delta\omega\tau_{i,t} + \theta\tau_{i,t-1} + \eta\omega\tau_{i,t-1} \\ + \beta_1 \ln \text{learnfee}_{i,t} + \sum \beta_n x_{i,t} + C_{i0} + \alpha_{t0} l_i + v_{i,t} \quad (7-1)$$

其中，下标 i 代表地区；下标 t 代表年份；被解释变量是 $\tau_{i,t}$，代表各地的研究生人力资本错配水平，以此来反映各地区的错配状况；β_0 代表截距；β_1 代表核心解释变量的偏回归系数；β_n 代表控制变量的偏回归系数；δ、θ、η 代表时/空效应项的待估参数；ω 代表空间矩阵，这里使用空间地理临接矩阵，相邻地区之间的数值显示为 1，不相邻地区之间的数值表示为 0；learnfee$_{i,t}$ 是本书的核心解释变量，代表了一个地区的研究生整体发展状况，用一个地区的研究生教育科研经费来表示；$x_{i,t}$ 在这里代表除自变量以外的控制变量，在这里选取三个变量作为控制变量，之后做详细说明；C_{i0} 代表无法观测的地区个体的固定效应；α_{t0} 代表与地区有关的时间固定效应；l_i 代表时间变量；$v_{i,t}$ 代表随机干扰项，表示其他无法观测的且对被解释变量造成影响的变量。

估计上述模型，首先需要计算出研究生人力资本错配指数，借鉴谢昌泰和彼得·克莱诺❶、白俊红和刘宇英❷在文章中的做法，将整个高技术产业经济体的总产值记为 Y，总资本投入记为 K，总劳动力投入记为 L，总教育投入记为 e，令地区 i 的总产值在整个经济中所占的产值份额为 $s_i = \dfrac{Y_i}{Y}$，则绝对扭曲系数为

$$\gamma_e = \dfrac{1}{1+\tau_e} \quad (7-2)$$

---

❶ Hsieh C T, Klenow P J. Misallocation and Manufacturing TFP in China and India [J]. NBER Working Papers, 2007.

❷ 白俊红, 刘宇英. 对外直接投资能否改善中国的资源错配 [J]. 中国工业经济, 2018(1): 60-78.

其中，τ_e 为上文提到的研究生教育层面的人力资本错配水平，也叫研究生人力资本错配指数，在此研究研究生教育对整个高技术产业的影响，故以教育错配为例，相对扭曲系数在竞争均衡下的贡献表示为 $\beta_e = \sum_{i=1}^{N} s_i \beta_{ei}$，结合 $E_i = \frac{s_i \beta_{ei}}{\beta} K$ 可将教育相对扭曲系数进一步转换为

$$\hat{\gamma}_{ei} = (\frac{ei}{e}) / (\frac{s_i \beta_{ei}}{\beta_e}) \qquad (7-3)$$

式中，β_{ei} 代表利用生产函数估计的教育弹性，在资本的生产函数中存在资本弹性，相应地在这里引入教育弹性的概念。根据 2002—2019 年一共 18 年中国 29 个省区市的面板数据进行计算（数据中不包括我国香港、澳门、台湾地区，且由于个别变量数据缺失，又删去西藏和新疆），函数表达式如式 7-4 所示：

$$\ln \text{htiv}_{i,t} = \mu_0 + \mu_1 \ln \text{degree} + \sum_{n=2}^{5} \mu_n X_n + \varepsilon_{i,t} \qquad (7-4)$$

其中，$\ln \text{htiv}_{i,t}$ 代表总产出；$\ln \text{degree}$ 代表教育总投入；μ_0 代表截距项，μ_1 代表教育总投入的偏回归系数，μ_n 代表控制变量的偏回归系数；X_n 代表控制变量；$\varepsilon_{i,t}$ 代表随机干扰项。

二、数据说明与描述性统计

被解释变量：研究生人力资本错配水平（$\tau_{i,t}$）。

在式（7-4）中，由于高技术产业不变总产值这项指标在 2012 年以后就不再统计，为了保持统计口径一致，总产出采用高技术产业主营业务收入代替，参考李拓晨等❶文章中的做法，以 2002 年的数值作为基期，用 GDP 指数进行平减。教育总投入用每年各省区市研究生授予学位人数的自然对数来表示。控制变量主要为资本投入，由于资本投入数据缺失，用 R&D 内部经费支出来表示；劳动投入，用高技术产业的 R&D 工作人员的全时当量来表示；各省区市平均受教育年限，采用通用计算标准，参考黄

---

❶ 李拓晨，梁蕾，李韫畅. 高技术产业专业集聚、人力资本错配与创新绩效——以医药制造业为例[J]. 科研管理，2021，42（4）：131-137.

海军和李立国[1]求得；人力资本水平，采用平均受教育年限与人口数的乘积表示。这样，再根据式（7-2）可以求出研究生人力资本错配指数。式（7-4）中高技术产业主营业务收入（htiv）来自《中国高技术产业统计年鉴》，研究生授予学位人数（degree）来自教育部《教育统计数据》《中国教育统计年鉴》国家统计局等，其他控制变量来自《教育统计数据》《中国统计年鉴》等年鉴。

核心解释变量：科研水平（learnfee），用研究生科研经费投入（万元）来代替。研究生科研经费投入这一指标由于2012年数据缺失，采用均值法补齐，数据来自《中国教育经费统计年鉴》。

控制变量：高技术产业中研究生教育普及水平用研究生就业人员占比（yz）来衡量。由于2011年数据缺失，采用均值法进行插补，数据来自《中国劳动统计年鉴》。城市开放水平用城镇人口之比（czzb）衡量，其中个别数据缺失，利用SPSS软件选择回归法插补对缺失数据进行处理，数据来自《中国人口统计年鉴》；经济发展水平，用人均国内生产总值（pgdp）（亿元）衡量，数据来自《中国统计年鉴》；政府支持科研水平用科研经费占财政内教育支出的比值（jfbz）衡量。

除新疆、西藏及香港、澳门、台湾外，最终选取的面板数据包括29个省区市、18个年份，为消除数据异方差影响和数据的不稳定性，对模型中的个别变量采用取对数的形式。有关变量的一些描述性统计量见表7-1。

---

[1] 黄海军，李立国. 我国研究生教育对经济增长的贡献率——基于1996—2009年省际面板数据的实证研究[J]. 高等教育研究，2012，33（1）：57-64.

表 7-1　主要变量的描述统计

变量	观测值	均值	标准差	最小值	最大值
learnfee	522	5.600	8.600	0.001	6.600
pgdp	522	3.748	2.776	0.326	16.422
yz	522	0.006	0.011	0.000	0.079
czzb	522	0.520	0.153	0.005	0.896
jfbz	522	0.012	0.017	0.001	0.133

第四节　人力资本积累对高技术产业影响的实证分析

本节在原有研究提出的资本错配和人力资本错配的基础上，创新性地从研究生教育视角测度研究生人力资本错配指数，重点剖析研究生教育对高技术产业的智力支撑与技术贡献，为后续分析研究生教育错配的影响因素奠定基础。考虑到高技术产业的空间集聚特征，运用动态空间杜宾模型，将研究生教育错配对高技术产业的影响进一步分解为直接效应和空间溢出效应，为区域内研究生教育供给优化和高技术产业集聚提供决策依据。

一、人力资本积累测算结果分析

由于随机前沿生产函数反映了在给定的技术条件和生产要素的组合下的投入产出最优化之间的关系，故利用随机前沿函数对数据进行估计，得到研究生教育弹性为 0.27，带入公式可得到每个地区每年的教育错配水平。利用 Stata16.0 对数据进行整理分析，各省区市 2002—2019 年的教育错配指数如图 7-2 所示，其指数的数值越大，表明该地区的人力资本错配程度越大。指数大于 0 说明从全国层面来讲该地区的人力资本要素配置相对不足，指数小于 0 则表明相对过度。在这里人力资本错配指数的最小值为 –0.94，最大值为 8.60，介于取值的正常范围之中。从中可以很清楚地看出 2002—2005 年教育错配的数值有所降低，在 2005 年以后教育错配的数值开始增大,教育错配情况有所恶化,虽然增速缓慢,但可以看出我国人力资本错配情况还是存在的。从研究生教育层面的人力资本错配角度出发,探讨高技术产业的发展可行性较强,可以促进高技术结构改革,提高经济发展强度。

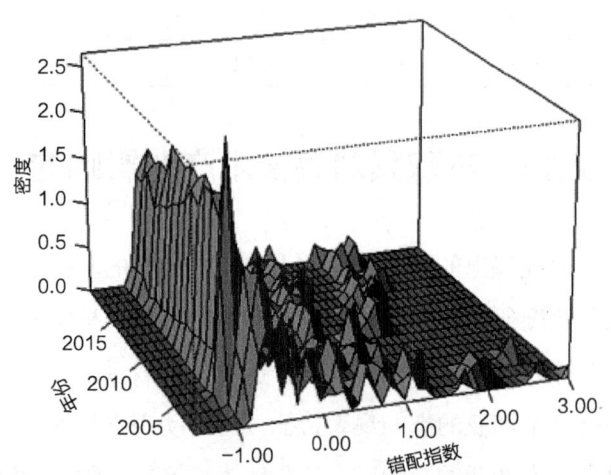

图7-2　各地区研究生人力资本错配的密度图

研究生教育层面的人力资本弹性是从关于高技术产业的投入产出函数中计算得出的,并且参照以崔书会等❶关于资本错配的研究为代表的诸多学者的研究分析,我们认为可能是通过某种因素的改变导致研究生人力资本错配的降低,进而促进产业结构配置更加合理化,最终能够进一步促进高技术产业主营业务收入的上升。在这里优先选择空间面板数据模型进行探讨,数据是否符合进行空间面板层面分析的要求,需进行相关检验分析。

---

❶ 崔书会,李光勤,豆建民.产业协同集聚的资源错配效应研究[J].统计研究,2019,36(2):76-87.

二、人力资本积累对高技术产业的空间溢出效应

在 1999 年,伯纳德·芬格尔顿(Bernard Fingleton)❶首次引入空间性质的单位根检验和协整检验,单位根检验是为了考察空间面板数据的平稳性,而协整检验是在单位根检验显著的情况下进行的,是为了避免数据在分析过程中存在"伪回归"的现象,协整检验通过即意味着可以运用空间面板模型进行分析。这里进一步使用劳里森(Lauridsen)和科斯费尔德(Kosfeld)❷提出的拉格朗日乘子检验(LM 检验),这是因为 LM 检验应用广泛,同时可以实现上述两种检验。其检验的原假设是不存在平稳的空间自相关,如果在 5% 的显著性水平下是显著的,则意味着数据存在平稳空间自相关。在 Stata16.0 中实现以上操作过程,检验结果见表 7-2。表 7-2 中,第一行是空间误差模型,第二行是空间滞后模型,这是空间常见的两种模型。表中结果显示有充足的理由可以认为面板数据之间存在平稳的空间自相关,可以继续进行空间面板数据模型的分析。

表 7-2　高技术产业的空间 LM 相关性检验结果

检验内容	统计量	p
空间误差模型	55.225***	0.000
空间滞后模型	9.374***	0.002

注:表中 ***、**、* 分别代表 1%、5%、10% 的显著性水平下通过检验。

LM 检验结果显示数据存在稳健的平稳空间相关性,至于空间相关性具体大小则需通过莫兰指数说明,莫兰指数是空间自相关系数的一种,其值分

---

❶ Fingleton B. Spurios Spatial Regression: Some Monte Carlo Results with a Spatial Unit Root and Spatial Cointegration [J]. Journal of Regional Science, 1999, 39 (1).

❷ Jorgen J, Lauridsen R, Kosfeld R. A test strategy for spurious spatial regression, spatial nonstationarity, and spatial cointegration [J]. Papers in Regional Science, 2006, 85 (3): 363–377.

布在（-1, 1）之间。如果莫兰指数的值介于0和1之间，那就可以认为是有着正相关的关系；如果是介于-1和0之间，则意味着存在负相关关系；如果为0，空间呈现出随机性。由表7-3可以看出，各变量的莫兰指数的值均介于0和1之间，在5%的显著性水平下是显著的，表现出较强的正向空间自相关特性。

表7-3 空间莫兰检验结果

变量	回归系数	Z值	p
$\tau_{i,t}$	0.157***	5.471	0.000
learnfee	0.091***	3.187	0.001
yz	0.122***	4.288	0.000
jfbz	0.087***	3.048	0.002
czzb	0.428***	14.586	0.000
pgdp	0.550***	18.744	0.000

注：表中***、**、*分别代表1%、5%、10%的显著性水平下通过检验。

表7-3结论符合空间自相关面板数据模型的条件，具体的自相关莫兰指数已经给出，模型先验假设成立。认为影响研究生人力资本错配的指标在空间上存在自相关特性，结果显著。面板数据分为固定效应和随机效应，之后需要进行豪斯曼检验确定面板数据的类型，豪斯曼检验常用于验证数据符合的面板类型，它的原假设是随机效应模型和固定效应模型的系数没有任何显著差别，即可以简单认为原假设模型应该选择随机效应模型，如果接受了原假设，则表明选择随机效应模型是较好的，如果拒绝原假设，则表明应该选择固定效应模型。由表7-4可以看出，研究生人力资本错配的相关性随机效应检验的卡方统计量为20.42，在5%的显著性水平下拒绝了原假设，则选择研究生人力资本错配的空间固定效应模型。

表 7-4　研究生人力资本错配的空间豪斯曼检验

检验内容	卡方统计量	卡方自由度	p
相关性随机效应检验	20.42***	5	0.002

注：表中 ***、**、* 分别代表 1%、5%、10% 的显著性水平下通过检验。

确定高技术产业中研究生人力资本错配模型所需要的固定效应模型后，还需进行 WALD 检验或者 LR 检验，具体判断数据适合哪种模型的固定效应，空间面板模型主要有空间误差模型和空间滞后模型，而空间杜宾模型是两种模型综合起来的结果。不论是 WALD 检验还是 LR 检验，其基本思想是首先假定模型选用空间杜宾模型，然后进行相关理论检验，查看面板数据与空间杜宾模型的匹配程度，如果完全匹配，则有充分理由认为空间杜宾模型是最优解释模型。如果匹配程度欠佳，则查看是否退化为空间误差模型或者空间滞后模型。

使用 LR 检验，其原假设为研究生人力资本错配的空间误差模型或者空间滞后模型嵌套于空间杜宾模型中，换言之，空间杜宾模型能否退化为空间误差或者空间滞后模型，如果 p 值在 5% 的水平下显著，认为空间杜宾模型是符合的。由表 7-5 可以看出，第一行是检验模型能否退化为空间滞后模型，显然在 5% 的显著性水平下是显著的，不认为杜宾模型能够退化为空间滞后模型。第二行是检验模型能否退化为空间误差模型，由表可知，显然拒绝原假设，即得出高技术产业之间应选用研究生人力资本错配空间杜宾模型的结论。

表 7-5　高技术产业空间 LR 检验结果

检验内容	卡方统计量	p
空间滞后模型	39.72***	0.000
空间误差模型	60.53***	0.000

注：表中 ***、**、* 分别代表 1%、5%、10% 的显著性水平下通过检验。

空间杜宾模型又分为动态模型和静态模型两种，考虑到高技术产业之间研究生人力资本错配不仅受到当期的变量的影响，可能还会受到时间或空间上的影响，为此选择动态空间回归模型。从表7-6给出的空间杜宾模型动态空间回归后的结果可知，检验结果在5%的显著性水平下是显著的，所有解释变量对研究生人力资本错配都有着显著的影响。具体来看，科研水平对研究生人力资本错配的影响是显著的，且其系数约为-0.062，这表明科研水平每增加1个单位有助于减少约0.062个单位的研究生人力资本错配，研究生人力资本错配指数减少，从事高技术产业的人员中的研究生结构将会更加合理、更加完善，进一步促进高技术产业主营业务收入的增加。

表7-6 研究生教育错配的空间动态效应的回归结果

变量	时间效应	空间效应	时空效应
ln jycp L1.	0.498***	—	0.782***
ωln jycp L1.	—	0.042	-0.710***
ln learnfee	-0.373***	-0.532***	-0.062**
ln yz	-0.014	0.053*	0.008
ln jfbz	0.359***	0.483**	0.048**
ln czzb	0.058***	-0.013	0.023***
ln pgdp	0.377***	0.183	0.086***
ωln learnfee	-0.081	0.515***	0.088***
ωln yz	-0.148***	0.006	-0.024
ωln jfbz	0.180*	-0.501***	-0.080**
ωln czzb	0.122***	-0.071	-0.052*
ωln pgdp	0.398***	-0.228	-0.084*
常数项	0.822***	0.702***	0.854***

注：表中***、**、*分别代表1%、5%、10%的显著性水平下通过检验。

此外，从时空效应来看，研究生人力资本错配在时空效应上的一阶滞后在 5% 的显著性水平下是显著的，而在时间效应和空间效应下研究生人力资本错配的滞后对当期研究生人力资本错配的减少并不能产生促进作用。在时空效应下，本地区的研究生人力资本错配每增加 1 个单位，将会减少邻近地区 0.710 个单位的研究生人力资本错配，这与科研水平有着同样促进研究生人力资本错配减少的作用。进一步说明，对研究生科研投入越多，邻近地区的研究生人力资本错配程度越低。但是，其他控制变量在模型中的直接作用并不理想，这可能是由于不能直接对当地的高技术产业中的研究生人力资本错配产生影响，而是通过时空效应产生影响，存在空间上的溢出效应。当地高技术产业研究生教育普及水平、政府支持力度、城市发展水平、经济发展水平均对减少邻近地区的研究生人力资本错配水平有着显著促进影响。每增加 1 个单位的当地政府支持科研的力度，邻近地区就会减少 0.080 个单位的研究生人力资本错配水平，进一步说明省间高技术产业中的研究生人力资本错配存在相互影响，表现出空间集聚效应。这是由于随着信息技术发展和我国基础设施的逐步完善，各种利于优化经济结构的要素之间流动速度加快，在区域内不断扩散，进而相互影响逐步增加。

表 7-7 给出高技术产业的时空效应分解结果，分别是直接效应、间接效应与总效应，从效应分解结果来看，科研水平、高技术产业研究生教育普及水平呈同方向显著，对有效减少教育错配起到关键性作用。总地来说，空间溢出效果明显。进一步验证，一个地区对科研经费的投入越多、工作人员中研究生人数占比越大，越有助于高技术产业内部结构重塑，优化资源配置。

表 7-7　高技术产业的时空效应分解结果

变量	直接效应	空间溢出效应	总效应
ln learnfee	−0.560***	−2.242**	−2.802**
ln yz	−0.086***	−0.885***	−0.970***
ln jfbz	0.588***	2.734**	3.322***
ln czzb	0.140***	0.976**	1.115**
ln pgdp	0.712***	4.003***	4.715***

注：表中 ***、**、* 分别代表 1%、5%、10% 的显著性水平下通过检验。

第五节　研究结论与相应建议

一、结　论

运用 2002—2019 年我国 29 个省区市的面板数据，在柯布－道格拉斯生产函数的基础上建立了动态空间计量模型，实证分析我国研究生人力资本对高技术产业的影响，以及如何通过减少教育错配优化产业结构进而促进产业总产值的提高。主要发现有以下三方面。其一，从随机前沿测度教育弹性的角度来看，每年获得研究生学位的人数越多，对高技术产业主营业务收入的影响越显著，其教育弹性为 0.27，验证了高技术人才在高技术产业中的重要性。其二，从教育错配的结果来看，教育错配指数在 2002 年到 2005 年呈减少趋势，在 2005 年达到最小值，2005 年开始有缓慢增长趋势，表明随着时间的变化，整体上错配程度在我国有着先减后增的态势。我国教育体制中的人才数量在增长，数量迅速增加导致的产业内部结构人员错配增加，但是并不排除个别省区市存在教育配置过度的现象。其三，通过动态空间计量模型对研究生人力资本错配的分析发现，空间溢出效应显著。

二、对策建议

基于以上研究结论,针对性地提出意见。

首先,要面向高技术产业需求侧,推进研究生教育供给侧改革。为更好地适应高技术产业的发展,充分发挥研究生人力资本在高技术产业中的重要作用,一方面应积极推进研究生人才供给侧改革,让研究生人力资本适应高技术产业的需求,另一方面应放眼各地区的教育发展,加大研究生教育薄弱地区的教育资源投入,缩小各地区间教育差异。因此,地方部门、高校必须谨慎调研当下社会所需、国家所需,根据要求制定与时俱进的能够优化产业结构特性的政策,做好人才与经济产业市场的有机衔接,树立变革性思维和前瞻性理念,学会融会贯通,为国家输送优质人才做好准备。其次,加大高技术人才引进力度,增强人才与企业的黏性。促进高技术产业经济健康稳定发展,用人单位作为终端方更应推广出源源不断的红利政策吸引人才。高素质人才不仅在本地区对高技术产业经济起到促进作用,同时也会带动邻近地区的经济实现正增长。更为重要的一点是要加大对科研经费的投入,对于相对资金不足的单位,政府要做好保障,财政性经费支出要向高技术产业倾斜,进一步吸引高素质人才,优化产业结构,使高技术产业结构向着合理配置的趋势发展。最后,深化高技术产业之间的交流,促进经济体系健康发展。各高技术产业部门应协调发展,增进各部门机构间高效交流合作。对于促进高技术产业经济发展这一话题,不仅仅是各部门、输送人才单位和接收人才单位、研究生自身,以及组成经济结构的部门之间缺乏合作交流,更多的是经济内部结构存在不平衡不充分利用的问题。高技术产业各部门之间缺乏对话,闭门造车,各自完成自己领域的任务,导致一系列不协调问题的产生,进而降低工作效率。因此各部门之间要加强交流合作,建立供给与需求两者之间的深入互动机制,打破交流壁垒,为实现经济高效持续稳定增长发挥作用。

第八章　研究结果与对策建议

基于前七章的理论研究和实证检验，本章内容主要为本书的主要研究结果和创新人才培养与人力资本积累的对策建议。

第一节　研究结果

基于前七章的理论研究和实证检验，总结归纳主要研究结果如下。

（1）在新文科背景下，使用 Seminar 教学法开展创新人才培养模式创新丰富了学科专业教学的课程建设，可以有针对性地解决大数据时代人才培养中存在的关键问题，不仅能提高教学质量，而且对学生的智力发展和能力培养有着重要的作用。

（2）通过引入基于 PBL 教学法的多维协同平台项目，构建"多维协同"的大学实践教学模式，有效改善大学生学习模式，促进大学生创新创业能力及综合实践能力的整体提升，对我国高等院校的人才培养模式改革起着至关重要的作用。

（3）在 OBE 理念框架下多维协同平台培养人才具有明显优势，能够以学生为主体，充分发挥学生的积极性和主动性，培养学生的创造思维和创新能力。

（4）从本硕博贯通人才培养的新探索与实践演进分析入手，揭示了本硕博贯通人才培养应以新文科人才核心能力为目标，树立横向和纵向统一发展理念；完善本硕博的学科资源配置，制定学科融合激励政策，化解人才培养的横向制约；探索本硕博一体化的大平台建设，统筹课程贯通发展，构建纵向与横向统一发展的人才知识体系。

（5）专业、学位点与学科的协同发展建设为经济学类创新人才培养提供了新视角，三者相互隔离已经掣肘高等教育人才培养，而大数据与云平台为三者的融合提供了可能。

（6）运用2002—2019年的省级面板数据，建立动态空间计量模型进行实证分析，主要验证了高技术人才在高技术产业中的重要性，发现整体上错配程度在我国有着先减后增的态势，空间溢出效应显著。

第二节　对策建议

基于研究结果给出如下对策建议。

（1）在新文科背景下培养创新人才，可从以下两方面入手：一是增加高校新文科基础功能设施建设；二是改进教育模式。基于Seminar教学法的人才培养新模式主要可采取以下措施：更新教学理念，明确学生的主体地位；修订改进教学文件；加强师资培训及与社会合作对接；加强配套服务工作。可从以下两方面对Seminar教学法进行拓展改进：一是学生、教师、学校多方配合；二是增进经济学理论与本土文化的契合度。

（2）在OBE理念下多维协同平台培养人才的具体措施可以分为学校层面、教师层面、学生层面三个方面。学校层面：一是要简政放权，营造以学术自由为核心的创新氛围；二是要完善教师考核评价体系；三是要建立健全创新激励体系。教师层面：一是要提升教学能力，二是要夯实专业知识，三是要加强科研能力。学生层面：一是要树立创新意识，二是要扎实专业基础。

（3）新文科背景下经济学类本硕博贯通人才培养可从管理、课程框架、教学手段三方面着手：一是从育人单位管理角度出发做好本硕博贯通人才培养各阶段管理工作衔接，本硕博贯通人才培养需要多部门协同配合，达成共识，制定保障机制；二是在新文科背景下经济学类本硕博贯通人才培养的课程体系，可从学科交叉融合入手应对社会需求新变化，要求既要注重传统经典基础理论，又要抓住学科专业前沿；三是在新文科背景下培养经济学类本硕博贯通人才需要引入科学先进的教学手段或改进传统教学手段。

（4）关于协同建设"大数据+云平台"背景下经济学类人才培养的"特色专业—学位点—优势学科"，可从以下五方面入手：专门机构统筹管理，化解人才培养中专业、学位点和学科协同建设的制约；开放平台共享信息，实现经济学类专业、学位点和学科间信息资源交融互通；增强数据意识、提升数据管理技术，化解大数据为创新人才培养带来的挑战；评价机制多元化，引导专业、学位点和学科开放平台式的经济学类人才培养；以重大攻关项目为平台，依托"特色专业—学位点—优势学科"协同创新经济学类人才培养。

（5）要面向高技术产业需求侧，推进研究生教育供给侧改革。注重各地区的教育发展，加大研究生教育薄弱地区的教育资源投入，缩小各地区间教育差异。加大高技术人才引进力度，增强人才与企业的黏性。最后，深化高技术产业之间的交流，促进经济体系健康发展。

参考文献

[1] 阿维什卡·K.迪克西特.经济政策的制定——交易成本政治学的视角[M].北京：中国人民大学出版社，2004.

[2] 白俊红，刘宇英.对外直接投资能否改善中国的资源错配[J].中国工业经济，2018（1）：60-78.

[3] 曾冬梅，陈江波.基于协同学视角的"学科—专业"一体化建设初探[J].黑龙江教育（高教研究与评估），2007（5）：20-22.

[4] 查先进，杨海娟.大数据背景下信息管理专业人才培养模式改革创新影响因素研究——以湖北高校为例[J].图书情报知识，2016（2）：21-29.

[5] 陈斌开，金箫，欧阳涤非.住房价格、资源错配与中国工业企业生产率[J].世界经济，2015，38（4）：77-98.

[6] 陈昌兵.新时代我国经济高质量发展动力转换研究[J].上海经济研究，2018（5）：16-24，41.

[7] 陈恒，初国刚，侯建.产学研合作培养创新人才培养效果影响机理[J].科研管理，2018，39（4）：124-133.

[8] 陈骏.一流课堂加一流科研训练——培养拔尖创新人才的两件"利器"[J].中国大学教学，2017（7）：4-7.

[9] 陈奇，王雨，周建军，等.面向研究生科研能力培养的Seminar运行机制研究[J].科教文化，2019（11）：6-9.

[10] 陈荣群，田英，龙昀光，等.教育信息化环境下Seminar教学方法的应用研究[J].中国电化教育，2014（2）：114-118.

[11] 陈松庆，王书莉．基于四大平台的创新人才培养模式实践探索［J］．教育现代化，2017，4（47）：9-10，15.

[12] 成洪波．论科教融合与应用型创新人才培养［J］．高等工程教育研究，2017（4）：141-145.

[13] 程远．浅谈中国的经济学教育现状与发展方向［J］．当代经济，2012（23）：112-115.

[14] 崔书会，李光勤，豆建民．产业协同集聚的资源错配效应研究［J］．统计研究，2019，36（2）：76-87.

[15] 丁宁．借鉴 Seminar 教学法提升课程教学质量［J］．中国高等教育，2012（12）：48-49.

[16] 丁忠明，王建刚．财经类院校人才培养模式改革创新［M］．南京：南京大学出版社，2011：1-13.

[17] 董艳，孙巍．促进跨学科学习的产生式学习（DoPBL）模式研究——基于问题式 PBL 和项目式 PBL 的整合视角［J］．远程教育杂志，2019，37（2）：81-89.

[18] 方朝晖．PBL 教学法在内分泌临床实习中的应用［J］．中医药临床杂志，2011，23（12）：1114-1115.

[19] 冯忠良．教育心理学［M］．北京：人民教育出版社，2004：110-121.

[20] 付瑞红，何强．基于 OBE 理念的教学科研一体化探索与实践［J］．教学研究，2017，40（3）：28-33.

[21] 甘容辉，何高大．大数据时代高等教育改革的价值取向及实现路径［J］．中国电化教育，2015（11）：70-76，90.

[22] 葛晶，李勇．中国人力资本错配的测算及成因研究——基于行政垄断的视角［J］．产业经济研究，2019（1）：62-74.

[23] 葛焱，周国栋，倪丹梅．高校国家重大科技基础设施建设现状探讨与思考［J］．科学管理研究，2020，38（1）：52-56.

[24] 顾佩华，胡文龙，林鹏，等．基于"学习产出"（OBE）的工程教育模

式——汕头大学的实践与探索[J]．高等工程教育研究，2014（1）：27-37．

[25] 何克抗．大数据面面观[J]．电化教育研究，2014，35（10）：8-16，22．

[26] 胡弼成，王祖霖．"大数据"对教育的作用、挑战及教育变革趋势——大数据时代教育变革的最新研究进展综述[J]．现代大学教育，2015（4）：98-104．

[27] 黄海军，李立国．我国研究生教育对经济增长的贡献率——基于1996—2009年省际面板数据的实证研究[J]．高等教育研究，2012，33（1）：57-64．

[28] 黄明福，王军政，肖文英．新工科背景下"本硕博一体化"培养模式研究[J]．北京理工大学学报（社会科学版），2019，21（6）：171-176．

[29] 纪雯雯，赖德胜．人力资本配置与中国创新绩效[J]．经济学动态，2018（11）：19-31．

[30] 季书涵，朱英明，张鑫．产业集聚对资源错配的改善效果研究[J]．中国工业经济，2016（6）：73-90．

[31] 贾海蓉，张雪英，李鸿燕．"本硕博"贯通人才培养模式的系统思考——以语音信号处理系列课程的一体化改革为例[J]．系统科学学报，2019，27（4）：45-50．

[32] 江艇，孙鲲鹏，聂辉华．城市级别、全要素生产率和资源错配[J]．管理世界，2018，34（3）：38-50，77，183．

[33] 江学良，杨慧．PBL教学法在土建类硕士研究生课程教学中的探索[J]．研究生教育研究，2014（5）：36-40．

[34] 蒋宁山，李辉，张吾渝，等．基于问题导向的教学方法在专业硕士教育中的应用思考[J]．教育现代化，2018，5（37）：77-78．

[35] 解晋．中国分省人力资本错配研究[J]．中国人口科学，2019（6）：84-96，128．

[36] 解志韬. 高校文科实验室的功能定位、逻辑机理与建设路径——基于"新文科"发展的交叉科学视角 [J]. 南京社会科学, 2022 (5): 126-132, 151.

[37] 赖德胜, 陈建伟. 人力资本与乡村振兴 [J]. 中国高校社会科学, 2018 (6): 21-28, 154.

[38] 蓝荣聪, 陈永福. 大数据视域下大学生创新能力培养的思考 [J]. 思想教育研究, 2014 (11): 70-72.

[39] 郎昆, 刘庆. 资源错配的来源、趋势与分解 [J]. 经济学报, 2021, 8 (2): 1-25.

[40] 雷小苗, 李洋. 高科技产业的技术追赶与跨越发展——文献综述和研究展望 [J]. 工业技术经济, 2019, 38 (2): 145-152.

[41] 李德方. "新师范"的时代意蕴、现实困境与实践路径 [J]. 江苏高教, 2021 (4): 6-12.

[42] 李东荣. 大数据时代的金融人才培养 [J]. 中国金融, 2013 (24): 9-10.

[43] 李岗, 冯树林. 改良 PBL 教学法在泌尿外科实习教学中的应用 [J]. 教育理论与实践, 2016, 36 (21): 51-52.

[44] 李昊婷, 刘晓明. 学习理论视域下思想政治教育中大学生学习心理探究 [J]. 教育探索, 2014 (4): 119-121.

[45] 李嘉曾. "以学生为中心"教育理念的理论意义与实践启示 [J]. 中国大学教学, 2008 (4): 54-56.

[46] 李静, 楠玉. 人力资本错配下的决策: 优先创新驱动还是优先产业升级? [J]. 经济研究, 2019, 54 (8): 152-166.

[47] 李璐岚. "持续改进"思想在大学教学质量管理中的运用 [J]. 高等理科教育, 2004 (6): 103-105, 91.

[48] 李拓晨, 梁蕾, 李韫畅. 高技术产业专业集聚、人力资本错配与创新绩效——以医药制造业为例 [J]. 科研管理, 2021, 42 (4): 131-137.

[49] 李小蓉. 基于创新人才培养目标的高校教学改革策略探究 [J]. 智库时

代, 2018 (24): 40, 42.

[50] 李长波, 张新厂. 大数据视阈下学位点自我评估体系建设研究 [J]. 学位与研究生教育, 2015 (7): 7-11.

[51] 连娜, 张筱筠. "大数据"时代新闻传播人才培养模式的创新 [J]. 新闻界, 2014 (15): 29-32.

[52] 梁传杰, 罗勤, 梁碧涛. 对研究生学科专业目录调整的回顾与思考 [J]. 中国高教研究, 2007 (1): 35-37, 46.

[53] 林杰, 洪晓楠. 论一流学科建设与一流本科教育的耦合整生——基于学科、课程、专业一体化的视角 [J]. 教育科学, 2019, 35 (5): 61-66.

[54] 林路生, 黄晓丽, 邱文锋, 等. 大学生多维协同学习模式的实践与思考 [J]. 教育教学论坛, 2016 (21): 234-235.

[55] 刘超, 朱长存. 大数据时代经济统计学人才培养模式创新研究——基于Seminar教学法应用的视角 [J]. 河北大学成人教育学院学报, 2018, 20 (4): 109-113.

[56] 刘超, 李腾娇, 魏强. 以多维协同平台项目为引领的创新创业人才培养研究——基于PBL教学法应用视角的探索 [J]. 河北软件职业技术学院学报, 2020, 22 (2): 34-38.

[57] 刘超, 郭白雪, 畅婉琪. OBE理念框架下多维协同平台项目的创新人才培养研究 [J]. 河北青年管理干部学院学报, 2021, 33 (2): 64-68.

[58] 刘超, 王柯涵, 田龙龙. 基于Seminar教学模式的经济类课程教学研究 [J]. 教育现代化, 2021, 8 (17): 137-141.

[59] 刘小强, 聂翠云. 走出一流学科建设的误区——国家学科制度下一流学科建设的功利化及其反思 [J]. 学位与研究生教育, 2019 (12): 18-24.

[60] 陆国栋, 陈临强, 何钦铭, 等. 高校学科竞赛评估: 思路、方法和探索 [J]. 中国高教研究, 2018 (2): 63-68, 74.

[61] 陆慧娟, 梁丽, 龚宇平. 以大学生科研创新活动为载体培养计算机专业创新人才 [J]. 中国大学教学, 2011 (3): 34-36.

[62] 罗恒，左明章，安东尼·鲁宾逊. 大规模开放在线学习学生互评效果实证研究［J］. 开放教育研究，2017，23（1）：75-83.

[63] 马桂花. 加拿大高校 seminar 教学模式及其启示——以约克大学为例［J］. 高教探索，2018（10）：56-61.

[64] 马廷奇. 交叉学科建设与拔尖创新人才培养［J］. 高等教育研究，2011，32（6）：73-77.

[65] 马颖，何清，李静. 行业间人力资本错配及其对产出的影响［J］. 中国工业经济，2018（11）：5-23.

[66] 毛志忠，朱兆珍.PBL 教学法在财务管理课程中的教学效果评价［J］. 东南大学学报（哲学社会科学版），2015，17（S2）：172-173.

[67] 牛风蕊，张紫薇."双一流"建设背景下的博士生教育质量——多维评价、互构逻辑与动力机制［J］. 研究生教育研究，2021（2）：75-81.

[68] 秦炜炜，洪晔，马艳芸. 大数据时代的高等教育创新人才培养：动因、挑战与路径［J］. 中国高等教育，2018（Z1）：60-62.

[69] 尚俊杰，裴蕾丝. 重塑学习方式：游戏的核心教育价值及应用前景［J］. 中国电化教育，2015（5）：41-49.

[70] 石新国. 社会互动的理论与实证研究评析［D］. 济南：山东大学，2013.

[71] 宋余庆，陈权，刘哲，等. 新工科背景下工程创新人才国际培养的探索与实践——基于"双跨"团队体验混合式学习模式的建构［J］. 高校教育管理，2018，12（3）：102-108.

[72] 眭依凡. 一流本科教育改革的重点与方向选择——基于人才培养的视角［J］. 现代教育管理，2019（6）：1-10.

[73] 隋姗姗，钱凤欢，王树恩. 我国创新创业人才培养路径探析——基于国外经验比较与创新创业教育生态系统构建的角度［J］. 科学管理研究，2018，36（5）：105-108.

[74] 汪霞. 论研究生课程的连贯性设计［J］. 学位与研究生教育，2019（7）：

36-42.

[75] 王凯，胡赤弟．"双一流"建设背景下创新人才培养绩效影响机制的实证分析——以学科—专业—产业链为视角［J］．教育研究，2019，40（2）：85-93.

[76] 王林义，杜智萍．德国习明纳与现代大学教学［J］．外国教育研究，2006（7）：77-80.

[77] 王伟芳．学习成果导向的多维协同教学模式探索与实践［J］．中国大学教学，2017（5）：74-77.

[78] 王晓农．基于建构主义的翻译教学探析［J］．教学与管理，2007（36）：77-78.

[79] 魏冬捷．试析PBL教学法对培养低碳经济人才的应用价值［J］．教育与现代化，2010（4）：38-41.

[80] 吴静怡，奚立峰，杜朋林，等．本硕博课程贯通与交叉人才培养［J］．高等工程教育研究，2015（3）：94-101，107.

[81] 吴秋凤，李洪侠，沈杨．基于OBE视角的高等工程类专业教学改革研究［J］．教育探索，2016（5）：97-100.

[82] 吴叶林，崔延强．基于大数据背景的高职院校专业设置机制创新探究［J］．中国高教研究，2015（5）：95-99.

[83] 吴宜灿．基于团队多维协同的创新型人才培养实践与思考［J］．研究生教育研究，2017（2）：35-39.

[84] 夏大文，张自力．DT时代大数据人才培养模式探究［J］．西南师范大学学报（自然科学版），2016，41（9）：191-196.

[85] 谢永红．改革传统育人方式培养拔尖创新人才［N］．湖南日报，2018-10-25（8）．

[86] 熊玲，李忠．本—硕—博贯通的创新人才培养模式探究［J］．学位与研究生教育，2012（1）：11-15.

[87] 阳立高，龚世豪，王铂，等．人力资本、技术进步与制造业升级［J］．

中国软科学，2018（1）：138-148.

[88] 杨果，陈劲松."新文科之新与创新人才培养高端论坛"简讯[J]. 探索与争鸣，2019（10）：41.

[89] 杨慧，闫兆进，慈慧，等. OBE驱动的工程教育课程教学创新设计[J]. 高等工程教育研究，2022（2）：150-154.

[90] 杨晓慧. 我国高校创业教育与创新型人才培养研究[J]. 中国高教研究，2015（1）：39-44.

[91] 杨仲山，谢黎. 中国人力资本错配测度：区域差异及影响因素[J]. 财经问题研究，2021（11）：109-119.

[92] 尹振东，吴芝路，赵雅琴. 科研创新能力三要素及研究生创新人才培养途径[J]. 黑龙江高教研究，2014（10）：152-155.

[93] 游丽，孔庆鹏."双一流"背景下我国高等教育资源配置效率测评及影响因素研究——基于超效率DEA—Malmquist方法和Tobit模型[J]. 教育与经济，2021，164（6）：30-37.

[94] 游艺，李德平. 创新创业教育融入专业教育的实践教学改革探讨[J]. 社会科学家，2018（2）：119-123.

[95] 余胜泉，胡翔. STEM教育理念与跨学科整合模式[J]. 开放教育研究，2015，21（4）：13-22.

[96] 郁建兴. 以系统思维推进新文科建设[J]. 探索与争鸣，2021，378（4）：72-78，178.

[97] 袁广林. 学科专业一体化：新建本科高校学科建设策略[J]. 高校教育管理，2016，10（2）：82-85.

[98] 袁凯，姜兆亮，刘传勇. 新时代新需求新文科——山东大学新文科建设探索与实践[J]. 中国大学教学，2020（7）：67-70，83.

[99] 张炳生，王树立. 学科、专业一体化建设研究[J]. 中国高教研究，2012（12）：43-45.

[100] 张春青，刘汛涛，雷晓柱. 基于PBL的创新创业课程实践教学模式探索

[J]. 河北农业大学学报（农林教育版），2018, 20（6）：26-29.

[101] 张国荣. 基于深度学习的翻转课堂教学模式实践[J]. 高教探索，2016（3）：87-92.

[102] 张宽, 黄凌云. 贸易开放、人力资本与自主创新能力[J]. 财贸经济，2019, 40（12）：112-127.

[103] 张莉. 本、硕、博贯通式人才培养模式的利弊分析及对策研究[J]. 学位与研究生教育，2015（6）：13-16.

[104] 张男星, 张炼, 王新凤, 等. 理解OBE：起源、核心与实践边界——兼议专业教育的范式转变[J]. 高等工程教育研究，2020（3）：109-115.

[105] 张旺, 杜亚丽, 丁薇. 人才培养模式的现实反思与当代创新[J]. 教育研究，2015, 36（1）：28-34.

[106] 张宪国, 林承焰. 知识—人才产出导向的学科—专业—学位点一体化建设[J]. 学位与研究生教育，2020（11）：25-31.

[107] 张小玉, 张梅. 高校大学生创新创业能力培养策略研究[J]. 学校党建与思想教育，2019（21）：95-96.

[108] 张晓芬, 史宪睿. "内外协同"高校创新创业人才培养体系构建[J]. 现代教育管理，2018（3）：47-51.

[109] 张晓红, 苗月新, 南荣素. 创新人才培养模式研究——基于财经高校的视觉[M]. 北京：经济科学出版社，2012.

[110] 赵斌. 国外教学新方法的创新路途[M]. 咸阳：西北农林科技大学出版社，2015：12.

[111] 赵俊芳, 崔莹, 郑鑫瑶. 我国高校翻转课堂的实践问题及对策研究[J]. 现代大学教育，2018（6）：89-93.

[112] 赵伶俐. 以"教学基本状态数据"为据——《大数据时代》对第二次本科教学评估的启示与警示[J]. 现代大学教育，2015（2）：95-102, 113.

[113] 赵明昊. 拜登执政与美国对华战略竞争走向[J]. 和平与发展，2021

(3): 14-36, 135-136.

[114] 赵新峰. 协同育人论 [M]. 北京: 人民出版社, 2015: 3.

[115] 郑春龙. 大学生创新实践能力培养研究与探索 [J]. 中国大学教学, 2007 (12): 73-75.

[116] 周文. 当前中国经济学研究中的若干问题与反思 [J]. 当代经济研究, 2017 (9): 56-63.

[117] 周显鹏, 俞佳君, 黄翠萍. 成果导向教育的理论渊源与发展应用 [J]. 高教发展与评估, 2021, 37 (3): 83-90, 113.

[118] 周绪红, 李百战. 国际化引领新时代高校拔尖创新人才培养 [J]. 中国高等教育, 2018 (2): 28-30.

[119] 周耀林, 黄川川. 大数据时代信息管理学科人才培养模式改革研究 [J]. 中国高教研究, 2017 (10): 107-110.

[120] 周洲, 杜朝举. 大数据时代推进教育管理现代化的机遇与挑战 [J]. 中国高等教育, 2019 (23): 46-48.

[121] 朱伯东, 黄琼珍. 技术赋能下帮扶薄弱学校发展的"多维协同"模式研究 [J]. 中国电化教育, 2022 (5): 122-129.

[122] 祝蕊, 刘炜. 新文科与数字人文学科建设 [J]. 图书与情报, 2021 (5): 53-59.

[123] CLAIR R S, HUTTO T, MACBETH C, et al. The "New Normal": adapting doctoral trainee career preparation for broad career paths in science [J]. PloS One, 2017, 12 (5): 1-19.

[124] DARON A, SIMON J, ROBINSON J A. Reversal of Fortune: Geography and Institutions in the Making of the Modern World Income Distribution [J]. Quarterly Journal of Economics, 2002 (4): 4.

[125] FINGLETON B. Spurios Spatial Regression: Some Monte Carlo Results with a Spatial Unit Root and Spatial Cointegration [J]. Journal of Regional Science, 1999, 39 (1).

[126] HSIEH C T, KLENOW P J. Misallocation and Manufacturing TFP in China and India [J]. NBER Working Papers, 2007.

[127] JORGEN J. LAURIDSEN R, KOSFELD R. A test strategy for spurious spatial regression, spatial nonstationarity, and spatial cointegration [J]. Papers in Regional Science, 2006, 85 (3): 363-377.

[128] LU J, LAW N. Online peer assessment: effects of cognitive and affective feedback [J]. Instructional Science, 2012, 40 (2): 257-275.

[129] SANDERS M. STEM, STEM education, STEM mania [J]. Technology Teacher, 2009, 68 (4): 20-26.

[130] SPADY W G. Outcome—Based Education: Critical Issues and Answers [M]. Arlington, VA: American Association of School Administrators. 1994.

[131] SRINIVASAN M, 夏颖, 顾鸣敏. PBL 教学法与 CBL 教学法的比较——基于两种教学法的转换在临床课程学习上的效果分析 [J]. 复旦教育论坛, 2009, 7 (5): 88-91.

[132] TAVAKOL K, Reicherter E A. The role of problem-based learning in the enhancement of allied health education [J]. Journal of Allied Health, 2003, 32 (2): 110.

[133] XU L. Teacher-researcher role conflict and burnout among Chinese university teachers: a job demand-resources model perspective [J]. Studies in Higher Education, 2019, 44 (6): 903-919.